一個旅人，16張餐桌

沒和當地人吃頓飯，就不算去過那裡

張健芳 著

CONTENTS 目錄

推薦序

食物的動人，不在美味，而是背後的人情味

《我睡了81個人的沙發》作者・連美恩

初聽到《一個旅人，16張餐桌》這本書的書名時，我直覺想到張曼娟曾經寫過的一個短篇小說——〈蘭花小館，12點見〉：兩個素昧平生的人，因爲餐廳客滿只好無奈併桌，最初的不情願與尷尬，在一同分享過飢餓與美味後逐漸變得親暱，中國人喜歡說：「十年修得同船度，百年修得共枕眠。」那麼，和一個陌生人同坐在一張餐桌上，好好吃一頓飯，聽對方跟你分享他生命中的點點滴滴，又需要多少緣分？

食物是我們最原始的渴望，少了吃喝，我們動彈不得，吃喝被滿足了之後，我們才去追求理想，學習愛人與被愛。但就像日本漫畫《將太的壽司》，食物

最動人的地方，往往不在於食物本身的美味，而是背後那讓人覺得雋永的故事與人情味，《一個旅人，16張餐桌》就是這樣一本犀利又充滿人情味的美食錦集，戲臺子就搭在餐桌上，但眞正的主角是躲在食物背面那張模糊不清的臉孔，作者用一連串在地美食拋磚引玉，毫不費力把我拉上異國街頭，我才睜開眼，泰國街頭那個年輕、瘦小、說著不靈光英語的流動女販小P，已經活生生站在我的面前，刺眼眩目的霓虹燈下，我看到她望著酒吧內那無奈又豔羨的眼神，接下來的故事彷彿都已經註定好了，就像作者在書中說的：「沒有人可以買到不辣的青木瓜沙拉，搗沙拉的木杵和木臼只有一套，辣汁滲入杵臼，就算加入新食材還是會變辣」，那木杵是小P命運的重槌，她最終躲不過，因爲出賣靈肉不是罪惡，赤貧才是！

作者帶著我們一步步爬過餐桌，一窺微笑與美景背後的眞實世界：瓜地馬拉用農民鮮血染紅的咖啡豆、夢想成爲廚師的小小偷渡客、德國專門幫死人清理遺物的搬家公司、泰國的賣淫文化、印度讓女人倍感壓力的嫁妝制度、哥倫比亞遭受剝削的香蕉園……也許很多人都覺得旅行只是單純吃美食看美景，逛免稅商品買打折名牌，但作者巧妙地用一張飯桌的角度切入，提醒我們了解世界另一端那些人過著怎麼樣的生活，或許才是認識這個世界最有意義的方式。

在閱讀的過程中，也許你會跟我一樣質疑那位長年在華爾街打滾，大撈一票後退休的M如今在瓜地馬拉成立NGO資助偏遠地區兒童教育的意義何在？或泰國酒吧老闆S到底是好人還是壞人？這樣的問題也許永遠不會有答案，但我們必須了解，旅行讓我們看遍這個世界，最重要的目的是寬闊我們的見識與胸襟，有一句我很喜歡的話是這樣說的：「我們沒有一個人是好人，但我們都可以盡我們的努力趨向美善。」

對於跟陌生人同桌吃飯還是感到很害羞嗎？我相信在看過這本書裡精采又刺激的故事後，想法可能會有一八〇度大轉變喔！畢竟，作者可是靠這一招認識到俊美的西班牙帥哥J呢！

推薦序

朋友，來併個桌一起吃飯

張國立

第一次在國外和當地人吃飯是很難忘記的經驗。那次在義大利，去一位神父身分的老師家，他是聖經迷——嗯，嚴格說是諾亞方舟迷，幾乎每年暑假大家去度假時，他就和同好到土耳其北部的阿拉拉特（Ararat）山裡找方舟。於是每年收到他的消息，都是他又找到若干古老且明顯經過人工裁切的木材，說明當地確有大型古船的遺跡。

有回去他家吃飯，神父已五十多歲，但老媽將近八十仍很健康，爲我們做了細起司粉拌的天使頭髮那種細麵，還有野豬肉包的義式餃子，外加一整瓶大肚皮的奇安提紅酒。

老媽媽說個不停，從廚房說到飯廳，我一個字也聽不懂，唯有猛點頭的份，可是義大利麵的那股糊味，至今仍記得，帶著點焦、有點黏口，和塞滿記憶的起司香氣。

那次才明白，義大利麵好吃在於現做。更好的則是發現義大利人的好客不輸台灣人，當然，我指的是離開羅馬、佛羅倫斯這些大城市之後。還明白，義大利媽媽寵兒子的精神，絕不輸任何一位台灣媽媽。她把一大盆麵放在桌上的同時，一隻手摟著一旁早禿光大半個頭的神父兒子，朝他頭頂親了起碼三下。

對了，去年冬天到北海道住在老朋友佐藤家，他的妻小在東京，一個人待在札幌上班，見到我和老婆去，熱情到我不好意思的地步，因爲他朝著客廳內幾十瓶來自各地的日本酒說：

「張國立，都是你的，喝不完可以帶走。」

不，我絕非酒鬼。

他的公寓有三間房，一間主臥室，一間書房，另一間和室的客房就歸我們。第二天一大早，廚房傳來一股香味，佐藤竟然爲我們做早飯，有玉米濃湯（北海道的玉米香甜）、煎蛋（蛋心帶著橙色）、烤麵包（厚片鬆軟的土司）、納豆（攪成鼻涕狀最下飯）、海苔（我老婆那時的綽號叫海苔子）、夕張來的蜜瓜（切成一片片，上面滴少許帶廣來的蜂蜜）。

直誇他的手藝好，眞人不露相。嘿，嘿嘿，嘿嘿嘿，他嘿到底。幾天後才搞清楚，玉米湯是他同事幫忙做的。

誰做的，不重要，而是透過佐藤氏的早點，我吃到許多旅行者急著想嚐到的北海道簡單美味，還有，原來在北海道每樣食材都講究新鮮，好吃者的天堂呀。

不能不說另一次在義大利吃飯的經驗，我第一次去羅馬，孤單走進某個小館子，當時客滿，我語言不通正站在門口張望，有位老義朝我招手，就這樣我們併桌吃了一頓飯，吃什麼早忘光，不過記得喝了兩瓶紅酒和帶著濃郁檸檬味的餐後酒。他來自熱那亞，跟我說了很多關於家鄉的事，囑咐我一定要去，然後平分費用，一起踏著武松能踢起雪花的碎醉步離去。

想起來，他整晚最常說的話是：西西里不是義大利、熱那亞不是義大利、巴里（靠亞德里亞海）不是義大利。他的意思應該是，離開羅馬才是義大利，羅馬就是羅馬吧。

還有一回在法國，與一對美國來的夫妻併桌。巴黎人很勢利，尤其看不順眼外國人大口吃法國菜的方式，有事沒事就翻白眼。東方人喜歡分食，這樣子才能嚐到不同的菜式，老法卻兩隻叉子在同個盤子內攪，不禮貌。我和老婆就乾脆點不同的菜各吃一半，然後交換盤子，哇咧，那個瘦巴巴穿黑西裝灰白捲髮的服務生還是翻白眼，他眼皮內長青春痘嗎？這時美國夫妻展現美式的幽默，他們將盤內食物各吃一半後，忽然站起身交換位子。頓時全餐廳響起掌聲，行萬里路勝過讀萬卷書哪！

《一個旅人，16張餐桌》寫的是吃飯的經過，寫的與老外一起吃飯的甘苦，寫的是要好好吃飯的飲食原則，還有，旅途上那些人的故事。

旅行就是一個人走到陌生的地方，認識一些人，然後用盡力氣找餐溫暖的飯吃。

自序

遊走世界的餐桌，我是食物的旅行家

一直對飲食和旅行抱持極大的熱情。所以，我有個像歐巴桑的嗜好，出國不愛逛百貨公司，反而喜歡去菜市場繞繞。

初來乍到，比起照著旅遊書按圖索驥，行禮如儀逛博物館美術館，不如上傳統市場看當地人如何料理柴米油鹽，更能貼近這塊土地的脈動。

地緣、氣候、土壤、人文歷史種種因素長年交織下，融合出一方飲食的樣貌。鼻子嗅著印度馬撒拉辛香料、或是墨西哥莫雷巧克力醬，耳中傳來雞鴨被切斷喉管前的嘶啞聒噪，手上沉沉提著奇型怪樣的菜蔬瓜果，從口袋笨拙地掏出不熟悉的泰銖或是披索付錢。

日本肉鋪的歐巴桑會鞠躬，用一層又一層的塑膠紙包裝起她的恭敬，義大利老闆隨手塞給你幾顆小番茄，更免費大放送比糖蜜還膩人的讚美，管你滿頭銀絲、兒孫滿堂也被叫「小美人兒」。

在深刻體會我這隻弱雞，絕對無法勝任專業廚房的重度操勞之前，我也曾癡癡作過藍帶大廚夢。

吃固然愛吃，胃口卻太好，從來不是味蕾發達、挑精揀肥、尖牙利齒的美食評論家，也沒有「二十分鐘上四菜一湯」的好廚藝，能變魔術般一瞬間從廚房端出糖醋排骨和舒芙蕾。不，我也從來不帶著相機上餐館記錄每道菜的擺盤。

俗話說「歪嘴雞，吃好米」，但我這隻雞不管什麼米，都懷著好奇心吃下肚，不挑嘴不挑食，吃什麼都開心，吸引我的是食物背後的故事。食材在哪裡生產，怎樣的風土人文才孕育出這道菜，怎麼煮，如何吃，什麼時候吃，和誰一起吃，市場價格多少，等等等等。

在很偶然的機會下，接觸了關注台灣農業的NGO網站「上下游新聞市集」，原本我要當然去烤餅乾、賣蜜餞的，當編輯聽到我是政大新聞系不成材的逃兵時，竟不由分說被抓來義務寫稿。

浪跡天涯的那幾年，累積了不少生命養分，異國風味在我筆下跳躍，分享各個文化從產地到餐桌的故事，食物的生產、消費、烹煮、分享、銷售，以及，由食物凝聚的人心。我不過是好奇的草根觀察者，一個說故事的人罷了。

跨越空間和時間，透過口舌咀嚼，人和人產生了連結，人和大地更產生了連結。沒有什麼比和當地人吃頓飯，更能「芝麻開門」般走入另一個國度。

自然界食物鏈的運作，就是一張張嘴開懷大嚼。人類數百萬年來的求生之道，重點只有每天弄吃的，和避免被吃掉。遠在 FACEBOOK 發明之前，我們的老祖宗就習慣圍著火堆，在山洞裡分食聊天。

在旅行還不是娛樂的過往年代，人類被胃口驅使著，追逐獵物、水草、耕地、香料，遠離家園，開創新天地。

《深夜食堂》的酷老闆深知，食物承載著情感和回憶。人類由食物引起的愛戀，深植在基因裡。

嗅覺腦在一億五千萬年前爬蟲類統治地球時就形成，在人類漫長演化過程中，慢慢形成嗅覺中樞的大腦「邊緣系統」，主掌最原始的感官功能，與情緒記憶深度連結，所以人聞到一個味道，往往喚起塵封的過往。

我邊嗅著咖啡香，邊寫瓜地馬拉；下筆印度之前，用辛香料煮了一鍋咖哩；泰國那一篇的草稿是我在外勞都稱讚的小餐館擬的，青木瓜沙拉一樣辣得我眼淚直流。藉著食物回憶起數年前的細節，幾乎每次都見效，歷歷在目。

一道火腿煎鱒魚能重現西班牙老祖母的癡狂年少，一盤青木瓜沙拉可以道盡泰國吧女的美麗與哀愁。用丹麥高級瓷器吃飯時，刀叉輕輕滑過磁盤，才赫然發現「我們台灣人不太講究擺餐桌耶……」，然後由點而線而面，一層層思索背後的社經網絡，爬梳歷史糾葛。

以及，不同膚色的軀殼中，同樣渴求幸福的那顆心。

對台灣太過熟悉，很多事都習以爲常。一到國外看什麼都新鮮，五官五感全開，像初生幼兒般，每日都有奇異發現，不斷將異地和家鄉對照比較，捉對廝殺，進而自我觀照、反思。

最後，總會在最大的差異點，看到最相似的情感。說到底，人性並沒有太多不同。透過盤中食物，每個人被滋養、被理解、被關愛、被連結。我們地球人全都是害著相同病痛、有著一樣心智運作的兄弟姊妹。

老生常談，人生是一張單程車票，每個人承受旅途中種種際遇，不管是頭等冷氣房還是三等硬座，帶著幾分淡淡的喜樂，夾雜深深的哀傷，肉體衰敗中，彷彿了悟了什麼，殊途同歸，邁向死亡終點站。而吃火車便當，總是最幸福快樂的時光。

行遍天下，長眠時，也不過一張床的大小。人生在世，獨食山珍海味、龍肝鳳膽，再美味也比不上一家人圍著餐桌共享地瓜稀飯的溫馨。

壯遊之後，回歸平淡，還是吃飯穿衣，柴米油鹽，客戶一樣難搞，房租一樣要繳。行萬里路，映入眼簾的不外乎就是當地百姓張羅三餐的家常日子。不管在哪，生活本來就不是天天過年。

天下沒有比二十多歲時的貧窮，更理直氣壯的事。窮得鬼都怕，依靠著陌生人的善意，一路討吃討喝（騙吃騙喝？）的吉光片羽，醞釀發酵成文字。

回想起來，若不是如此克難旅行，第一線接觸到各路人馬，什麼都吃，很多篇章可能就寫不出來了。錢，買得來自己的空間，卻也將自己隔離在大眾之外。

除了路上現買現用的必需品外，已完全和旅遊紀念品絕緣。我只把回憶帶回家，瞬間的感動和體悟，是錢買不到的。

我認為關於背包客守則第一條，就是不要太努力。最難得的經驗，事前絕對規劃不來。

在尼泊爾藏區臨時起意去爬山，旅舍滿了沒空房，沿路投宿當地民家。別的觀光客打排球喝啤酒時，我跟著藏族老人去放犛牛，牛鈴叮噹清脆，後頭跟著兇猛的藏獒，然後一起望著白雪靄靄的山峰喝酥油茶。

在巴拿馬不想搭飛機到南美，我巧遇性感豪爽的女船長，航行到加勒比海小島上，原住民草屋中的吊床搖曳，碧綠慵懶的椰子樹襯著碧海藍天，用椰子殼生火烤龍蝦。

砸錢花上數倍預算吃好住好，星級旅館的雪白床單睡得好爽，餐廳的可口可樂喝起來清涼，巴士計程車的冷氣夠冷，只要花錢當大爺，「觀光客膠囊」，其實再安穩不過，但行程越有效率越舒適，離當地生活越遙遠。

說是沒福可享的貧窮背包客酸葡萄心理也罷，當你有勇氣踏出養尊處優的

「觀光客膠囊」，就眞的進入了造訪的國家。

旅行，不是爲了走馬看花的景點，而是抽離了熟悉環境，到陌生新鮮的土地上，重啓五感所獲得的感悟，對人，對萬物，對天地玄黃，對宇宙洪荒，甚至對著一顆馬鈴薯，感到了連結。

時間是唯一的奢侈。可能的話，盡量不要安排緊湊行程，按表抄課會窒息你閒暇的心情。表格留到上班時做專案管理再用就好了。

這是你的旅行，你才是主人，不是你的旅行指南。你的心自然會帶你去你喜歡的地方。

可能的話，盡量不要和台灣人結伴同行。被關在兩人世界般的中文泡泡裡，平白失去認識其他旅行者的機會，更無暇結交當地人。既然一路都會遇到有趣的旅伴，何必自備？

只有當你和當地人交了朋友，欣然領受一頓飯或一杯茶時，你才可以說你去過那個地方。不然，只是關在安全膠囊裡去過了水而已。

人一起吃喝時，最容易釋放善意，分享人生故事。我寫的是膠囊外香味瀰漫的章節，食物是概括一切的最大公約數，我是食物旅行家。

若讀者看了這本書，對一個說著異國語言、吃著不同食物的陌生人，有了同理心、起了共鳴，而對地球另一端，多了一絲理解的話，就是對我最大的鼓勵。

西班牙餐桌
火腿煎鱒魚和佛朗明歌舞夢

進入初冬的潘普洛納城，灰濛濛的天空飄著羽毛般的細雪，我一面呵著白氣，一面默背西班牙動詞變化，沿著中世紀古城牆走到大學語言班上課。氣溫再低，午餐還是老樣子，只賣冷冰冰的火腿三明治，我嘆口氣，約T外出覓食，胡亂走進一棟石磚老房子，小餐館只有十多個座位。

食物很快熱騰騰地上了桌，原來是當地家鄉菜火腿煎鱒魚，沒去頭，全魚端上桌。我大喜，來歐洲除了炸魚、醃魚和煙燻魚，沒吃過鮮魚。倒是美國同學T，多待了幾個學期，萬事包打聽，卻對魚面露懼色。可憐的美國佬，桌上食物不應該死不瞑目地盯著她看。

我老實不客氣地抄起刀叉表演「吃魚秀」，台灣人三、四歲就會吃全魚，若不是怕T當場昏倒，我還想敲開魚頭吸骨髓呢，T覺得魚只能是一片片的冷凍魚排。

白髮廚娘兼老闆娘M挪著胖墩墩的身軀到我們桌前，看到T面前的魚一口也沒吃，揚起眉毛。T像做錯事的小學生似地低下頭，我順勢把T的盤子移到面前，熟門熟路地開始吃第二條魚。

西班牙人性情驕傲、暴躁而外向。老闆娘爲我的舉動大樂，大嗓門一笑起來，連桌面水杯都會震動。從此我想念魚味時，三不五時揣著筷子繞道上門找M，鱒魚肉質鮮嫩細緻，我連最後一點肉屑也夾得乾乾淨淨，完美的魚骨架令M嘖嘖稱奇：「中國工夫！」

西班牙沒有鄰國法蘭西「將成打野味濃縮至拇指大小的醬汁罐」的精緻飲食，鄉土菜更是豪邁簡單，講究當季原味。

M將鱒魚清腹，抹上鹽和胡椒，起油鍋，用橄欖油爆香蒜頭和生火腿，取出。

把幾片生火腿夾入魚腹，魚雙面拍上麵粉，然後下鍋兩面煎黃起鍋，倒入雪莉酒醋再收乾醬汁，上桌前淋上醬汁，切碎一把巴西里和一開始煎黃的生火腿做盤飾，大快朵頤前擠上幾滴檸檬。

火腿煎鱒魚是西班牙潘普洛納的招牌菜，海明威的成名作《旭日東昇》寫盡本地的奔牛節，也就是聖費爾明節（Fiestas de San Fermin）的狂熱，讓潘普洛納永遠在世界文學留名。慵懶的下午，大師在鄰近河流邊釣鱒魚邊構思，夜晚飽餐了火腿煎鱒魚後，伴著滿桌菸屁股在燈前打草稿。

我喜歡上這溫馨的家常氣氛，長長的午休（SIESTA）時間，我磨著M練西班牙語，像自家飯廳一樣舒適。玻璃大瓶內泡著綠橄欖、木梁上掛著紅辣椒和白蒜頭，懸空吊著一隻火腿，奶油色牆面上裝飾幾幅佛朗明哥舞者的老照片，黃燈下，更添幾分懷舊感。

看著木框照片上的年輕舞孃，腰肢纖細，一襲波浪長裙旋轉如風，昂著下巴，傲慢媚麗。我隨口問：「這照片上的人真漂亮，您認識她嗎，M奶奶？」

M：「當然認識。」

我問：「誰呀？」

M：「我呀。」

我幾乎把「騙人」咬在舌尖，在西班牙文裡，對長輩或陌生人還只能用敬語「您」，輪不到我沒大沒小。但我圓睜的雙眼，讓M大笑起來：「Y頭呀，不是我說，天主保佑，我在你這個年紀時，可是一朵花呢。」

「朝如青絲暮成雪」，人人都知道白髮老婦也是如花少女變的，但年輕人總覺得老年人一直以來都那麼老。不想變老，另一個選擇就是早夭，你選吧，嗯？

M興致一來、撩起裙角擺了幾個架式，讓我想到大象跳芭蕾。「我啊……從小喜歡跳舞，就是這樣遇到J。我們還想私奔到塞爾維亞學舞呢！」

M指著照片裡的英挺男舞者，一頭黑色捲髮綁成馬尾，雙眼如電，性感的面部線條，陽剛卻憂鬱。一時覺得眼熟，像誰呢？

「啊！」我一拍大腿，J像極了二十啷鐺歲的瑞奇馬丁加上安東尼奧班德拉斯，任誰看了都忘不了的俊秀臉龐，希臘古典時期的大理石雕像也不過如此。

大約五十年前的夏天，M的父親開了小餐館，J離開貧窮的安達路西亞家鄉，來餐館跑堂端盤子。外地求生不易，J眼看東家生意沒起色，自己飯碗也不保，毛遂自薦上台跳舞。

這算盤打得好，DINNER&SHOW鐵定能招攬不少因海明威榮獲諾貝爾文學獎後，慕大師之名蜂擁而來的美國觀光客，賣餐之外還能賣酒，毛利更佳。身段一遇到肚皮，什麼都好商量。爲了餬口，J滿腔無奈任家鄉舞蹈淪爲娛樂觀光客的表演工具。匆促成軍，獨缺女舞者，這就像花瓶缺了鮮花，鬥牛場少了鬥牛，老闆的獨生女M只好補了這個缺。

J花了幾個星期教M怎麼甩裙擺旋轉如風、怎樣傲慢地咬著玫瑰、怎樣電眼勾魂、怎樣「從痛苦多刺的玫瑰中擠出蜜糖」，最後，J愛上自己一手調教的學生。

佛朗明哥舞不是宗廟宮廷上的陽春白雪，起源於吉普賽人的營火旁，洞穴映著火光，人影彷彿嵌入岩壁，自娛娛人，抒發強烈的個人情感，因此小餐館中狹窄空間的近距離表演反而更揪人心。在「OLE!OLE!」聲中，燈光如電，呼吸如風，汗水如漿，心跳如鼓，觀眾的掌聲如雷，情人的凝視如烈焰。

M在J調教下，首次登台，糊弄無識優劣、啥都不懂的美國佬。J牽著M的手去觸碰佛朗明哥舞的核心，一雙紅舞鞋踏著難以踩滅的強大爆發力，強悍不服輸的M，竟極具天分，逐漸揣摩出詩意和靈魂，兩個人熱血沸騰。心意相通，旁若無人。

西班牙遠比我想像的多元，像巨大的萬花筒曳撒了滿地變形的光影，潘普洛納位於北方的巴斯克地區，至今說著獨樹一格的神秘古語，迥異於歐洲任何語系，長年有脫離西班牙獨立的強烈傾向，強悍排外，講究血統純淨，忌諱異族通婚。更因經濟相對富裕，賤視來此討生活的外省人。

相對地，佛朗明哥舞起源於西班牙南方的安達路西亞，融合吉普賽人、摩爾人和土著傳統，濃烈奔放。照理說，M身上並不流著這痛苦而熱情的血液。

當冷峻頑強的巴斯克女人M遇到放浪不羈的安達路西亞男人J，就像是鬥牛士擎著紅布征服鬥牛、一決生死。與其說M迷上那舞步、那唱腔、那煽動著愛與欲的節奏，不如說J的勾魂電眼，攝住一顆少女芳心。

這一對西班牙版的羅密歐與朱麗葉，眼看將擁抱，卻又轉身，快要相吻，卻又撇頭，一蹙眉、一甩頭、一頓足，洶湧澎湃，愛恨交織。

M的父親日夜埋頭苦幹，大賺美國佬的錢，樂不可支，終於從收銀台抬起頭來時，看到女兒啣著紅玫瑰、敲著響板，活脫脫蕩婦卡門的樣子，對五十年前保守又保守的天主教家庭，無疑是妓女行徑。

父親衝著女兒吼：「別被那漂亮的外省小伙子給騙了，他什麼都沒有，只會跳舞，怎麼養活你？」

西班牙諺語說：「永恆的愛大約持續三個月。」只要不是嫌貧愛富的勢利眼，眞正愛惜兒女的父母，多走了二、三十年人生路，看得總是比鬼遮眼的年輕人清楚些。

父親大驚之下，痛定思痛，把M貶去清鱒魚肚、剔鱒魚骨，並且開除了J。算這小伙子好運，若在幾十年前，來福槍早拿出來了。

J徘徊不去，悄悄潛入廚房抱住一身魚腥的M：「跟我走，去塞爾維亞學舞，那才是眞正的佛朗明哥。」私奔逃家去參加舞團？那時代的舞團和馬戲班子沒兩樣，在愛人懷裡，M心動又心悸。

我訝異槁木死灰的老寡婦也有那麼多汁的八卦，M沉溺在回憶裡，眼睛有少女的光彩：「啊……我多愛他啊。我們是最好的舞伴。可是後來發生一件事……」

我口沒遮攔地問：「您懷孕了？」

「不，是J……」M竟有點臉紅。

「J生病了？沒錢？和別的女生跑了？」我很努力地動用腦中所有的過去式動詞。

「不，我們那時年輕，很害怕，吵了不少架。J爲了賭氣，參加那年夏天的奔牛節……」M聲音弱了下來。

奔牛節是年輕男人向女人證明自己英勇的手段！若不是略知潘普洛納人對奔牛節傳統的自豪，我一定會傻眼，佛朗明哥舞的未來之星，雙腳等於生命，竟去幹這等蠢事！

爲什麼人類，特別是男人，會沉迷刺青、開快車、嗑藥、高空彈跳、不背氧氣筒爬聖母峰，甚至伴鯊魚潛水等自毀傾向的冒險呢？

根據以色列生物學家札哈維提出的「殘障原理」，一個男人不畏危險讓公牛追著跑，在牛角尖上賣弄自己的勇氣，在牛蹄下招搖自己的力量，無疑是種宣示：「大家看呀，我最強、最棒，只有我能玩這種危險遊戲。」哪怕殘障死亡也在所不惜。

獨臂或閉眼就能克敵制勝的武林高手，必定武藝超群，才敢如此托大。「明知山有虎，偏向虎山行」是求偶競賽中，男人擄獲女人芳心的優良品種指標。

幾個世紀以來，歐洲富家子弟的西班牙旅遊指南上，都明確寫出：「想要平安回家的話，千萬不要質疑西班牙男人的勇氣或魅力，在這裡，每年有無數男人死於決鬥，用刀槍維護自己的男子氣概。」

這麼說來，想贏得美人歸，血氣方剛的J若不參加奔牛節，反而才是不可想像的。

更別提外省人賣命參加傳統節慶，能得到多少當地人的認同了。盛暑豔陽下，

「奔牛節」的奔牛是指群衆和牛從牛欄沿著街道一路奔向鬥牛場。奔牛是項「人牛追逐」的刺激慶典活動，雖然每年都有人被牛頂傷，但遊客仍舊樂此不疲。

群眾高舉紅領巾揮舞，像一片瘋狂的海浪，歡呼震天。

J穿上一身白，戴上紅領巾，眞是女孩們的好風景，他走到哪兒，哪邊的窗簾就拉開。仗著舞者的矯健身手，出盡風頭。

如此招搖，少不了被激進排外的當地人捉弄，幾個爛醉的年輕人將J撞倒在地，瘋狂尖叫大笑，J蹣跚爬起後，意外發生了，一隻憤怒的公牛飛奔而來，嚇得人群四下奔竄，衆目睽睽之下，將牛角刺穿J的小腿，鮮血淋漓。

M聽見愛人哀號，又驚又怒又傷心，原本躊躇猶豫的芳心瞬間化為果決的行動，離家日夜看護J。

生米煮成熟飯，天主教女孩懷孕而不結婚簡直天打雷劈，M的父親百般無奈之下，接納了這個外省女婿，反正跛了腳、破了相，祈禱他就此安分守己不作怪。

J休養了大半年，雙腳從此踏不出扣人心弦的舞步，小倆口斷了去塞爾維亞取經的念頭，M高掛舞衣舞鞋，披上婚紗。

張愛玲說得好：「漂亮的女孩子不論出身高低，總是前途不可限量，或者應當說不可測，她本身具有命運的神秘性。一結了婚，就死了個皇后，或是死了個名妓，誰也不知道是哪個。」

M由J一手調教。J的舞夢死了，M的也跟著死了嗎？佛朗哥獨裁時期的西班牙，萬事艱難。拉丁情人可不是女權主義者，家中老爺各個都是大男人，半個世紀前，也壓根兒沒有「女性追求自我」這件事。

孩子一個接一個誕生在這新成立的天主教家庭，M操持家務，熱舞烈焰化為溫煦爐火，煎了無數條鱒魚餵養子女，腰肢漸粗。J去世後，兒孫陸續離家，為了排遣寂寞，餐館仍有一搭沒一搭開著。

我在海明威常常去的Café Iruna與高采烈地跟T分享這個故事，T抱持著美國人實事求是的精神：「只憑幾張照片，你就信喔？」我點點頭，卻也開始半信半疑，西班牙人的確挺愛開玩笑的。

潘普洛納被稱為綠色城市，遍布公園綠地，踩著古老的石板路，一起走過海明威的青銅像時，T道：「聽起來比較像老太太的幻想，跟觀光客吹牛，高興高興。」

M就是在這條狹長的石板路上，眼睜睜看J被牛攻擊，白衣褲紅腰帶紅領巾的亡命之徒，尖叫喧鬧中，四處逃竄。西班牙的男子氣概，就像海明威的小說一樣，向來只有男人，沒有女人。

在小餐館裡，望著窗外的蕭索冬景，那個披著紅舞衣、敢愛敢恨的少女跑得無影無蹤，只剩下一個胖如大地之母的白髮老婦，腳步蹣跚，仍在爐前煎著鱒魚。

「做夢一點也不費力，真正費力的是夢醒時分。」畢竟是西班牙，連老太太也有阿莫多瓦電影般的人生故事。

但這些是真的嗎？或只是寂寥老婦人回首前塵往事，編出來好告慰自己沒有虛度一生的謊言？她親愛的 **amor**（愛人），是從來沒關係的陌生人，更可能只是買來的一張劇照罷了。

溫良恭儉讓的儒家教條下成長的台灣人，保守拘謹，天生沒有「歡而歌、樂則舞」的生命情調。所謂佳人，除了富態的薛寶釵，宜室宜家，就是吟詩葬花的林黛玉，清靈病弱，從來不是潘妮洛普克魯斯那種嫵媚任性、煙視媚行的拉丁寶貝。

華人文化中，「性感美女」的原型從不存在，就算潘金蓮或妲己，除了「淫婦」二字外，也是面目模糊、沒有聲音的。

所以，我不熟悉那麼熱烈的愛情，也熬不住那炙焰的燃燒。但我並不想問，如果故事是真的，J除了是好舞伴、好情人外，是不是好丈夫，好父親呢？年輕時代的M，腳上有的是跳舞的精力，午夜低迴，可曾輕撫舞衣，黯然出神？眞眞假假，有什麼關係呢？那個夏天過去了，熱戀狂愛過去了，登台夢想過去了，一切都過去了。豔夏的當空烈日遠去，雪花輕盈地依偎著冰冷月光，什麼都消失了，只剩腳下一片不可毀滅的蒼茫大地。

課程即將結束，明天前往巴黎，我找M道別，她抄了我的班級說：「孫子剛好回來，我叫他送點東西過去給你，紀念紀念。」

整個大學沒幾個東方臉孔，課後我聽到有人叫我，轉頭看，眼睛一亮！出聲叫住我的男子彷彿從M牆上那張泛黃的老照片上走下來，連捲髮的弧度也一模一樣，英挺的風姿，宛若踩著舞步。他露出潔白的牙齒，用極慢的西班牙語說：「我叫J，奶奶要我送這個給您，祝您一路順風。」

我盯著他的嘴唇胡思亂想：「天哪……怎麼那麼好看……被這樣的嘴親一下，西班牙文最難發的『RR』打舌音一定立刻學會。」

父子祖孫同名，在西語國家是相當普遍的傳統。J神似M照片上的男舞者，他一出現，整個語文教室的女生都安靜了下來，癡楞楞望著J看，他一定早就習慣眾人的目光了。

我心頭小鹿亂撞，結結巴巴地說：「喔……，稱『你』就可以了。M奶奶的火腿煎鱒魚……嗯……很好吃。」

大帥哥J說：「那是我的最愛，別的地方吃不到。」那一笑彷彿冬陽，連冰山也會融化。

看著J遠去的背影，像貓一樣健美優雅，我沉浸在無邊綺想中，包打聽的T掐住我的手尖叫：「你怎麼認識他的？聽說，他是本校佛朗明哥舞團有史以來最年輕的明星團長，剛從塞爾維亞比賽回來！」

我興奮地拆開來看，是一條奔牛節的紅領巾，輕飄飄的，卻有五十年的重量。

歲月讓什麼都過去了，但或許，還留下一些什麼。

IRUÑA

日本餐桌

妳一輩子幫俺煮早餐的味噌湯好嗎？

在日本當交換學生時，常去當地家庭HOMESTAY，一對正值空巢期的中年夫婦對我極好，簡直把我當成離鄉背井的小女兒，熟了後，我直呼多桑和咖桑。日本家庭主婦個個賢慧勤勞的不得了，七早八早爬起來煮一家子的早餐。這讓習慣早上路邊買個飯糰豆漿就解決的台灣人印象深刻。

咖桑穿著圍裙，一身俐落優雅的打扮，活像從家庭婦女雜誌上走下來的中年模特兒，絕非蓬頭垢面的大嗓門黃臉婆，下廚時行雲流水，節奏緊湊而從容。廚房窗明几淨，抹布甚至還用熨斗燙整，筆挺地幾乎能自行站在桌上，比我的襯衫還乾淨。

咖桑每早不厭其煩地從魚乾昆布開始熬味噌湯頭，讓人感到一種儀式性的愼重。

被稱爲「團塊世代」的戰後嬰兒潮，見識過繁榮浮華的泡沫經濟，也是年功序列、終身僱用制土崩瓦解而首當其衝的一代。在「平成不況」注1下，多桑被迫提早退休。我看到的是他老來回歸家庭、和髮妻相依爲命的一面，而不是鞠躬盡瘁的企業戰士，眞應了那句「味噌和太太都是老的好」的日本諺語。

多桑身爲熱血九州男兒，年輕時和咖桑正式約會前，初次走訪未來岳家，就五體投地拜見岳父大人：「以結婚爲前提，懇請您允許在下和令嫒交往！」禮數周到，擲地有聲，老派男子漢的氣魄，不是今日沒肩膀的草食男可以想像的。而向咖桑求婚時，卻是一句淡淡的：「希望以後，俺每天早上都能喝到妳煮的味噌湯。」

早餐的味噌湯可說是日本人的幸福指標，家常日子平淡過的小確幸。便利商店賣的速食味噌湯杯，幾乎是核廢料般的悲慘存在。

「一汁一菜」是傳統和食的原型，也就是一碗味噌湯和一碟醬菜，加上米飯爲主食。在東亞中國日本等國以穀物製油、做醬，形成「穀物醬文化圈」，與

以湄公河水產爲基礎所形成的東南亞「魚醬文化圈」，分庭抗禮。

味噌展現一方風土人情，因應氣候水質物產的不同，各地都有代表的米味噌、豆味噌或麥味噌。還依發酵期間分爲白味噌、黃味噌或赤味噌。

自古味噌被視爲飽餐的主食，不若今日只淪爲調味，明治維新之前日本人只吃魚不吃肉，水產難得，味噌曾是珍貴的蛋白質來源，影響健康甚鉅，江戶時代還有「錢與其給藥店賺，不如給味噌店賺」的諺語。簡直是 A miso a day keeps the doctor away.（一天一碗味噌湯，讓醫生遠離。）

因爲保健、便宜又好保存，千百年來，味噌湯始終在日本餐桌上飄香。卡路里過剩的今日，味噌湯仍然是日式飲食的靈魂，更因營養豐富，榮登現代健康飲食的榜首。

自日治時代以來，味噌融入台灣飲食。台灣產米，台灣人慣吃的是米味噌，亞熱帶氣候，發酵快速，短時間就製作完成，顏色偏淡，味道偏甜。

台灣的味噌湯自成一格，味噌貢丸湯或味噌蛋花湯對日本人來說，是相當新奇的組合。我們也不曾細想過吃嘉義火雞肉飯時，爲什麼一定要配味噌湯？

在台灣，味噌了不起就是煮豆腐湯，在日本，味噌可以刷在食材上烤，可以燴熠，可以燉煮，可以紅燒，可以涼拌，可以醃漬，變化多端，而味噌湯則是安頓身心靈的冠軍 Comfort Food（慰藉食物）。

每個日本家庭都有自己的味道，柴魚昆布或大骨洋蔥爲底，春天新筍，秋天栗子，因旬更換，一盅湯碗即可感受四季變化，收納大地精華，家家各有祖傳配方，以不同比例調拌幾種口味的味噌，口味才能呈現豐富的層次。

在多桑咖桑那個年代，湯鍋裡細火慢煮的，是慈母的溫言婉語，是新婚妻子的柔情脈脈。

我小學同學的祖母是日治時代畢業於高等女校的名門閨秀。印象中，老人家高齡八十仍天天化妝，時時保養，頭髮一絲不亂，衣裳一道皺摺也無，舉止得宜，打理家務更是精明，閒時戴著老花眼鏡用日文閱讀新一期的女性雜誌《家庭畫報》。

此等大和撫子般的修養，即是傳統日本主婦的德言容工。

現代日本女性，新娘家事學校是不用去了，但社會對已婚婦女的期待卻不曾減少。日本女性婚後全心投入家庭生活的經營，的確多了些細緻優雅的講究。翻閱日本雜誌時，我還曾看過教導女性外出用餐時，如何把免洗筷套巧手折成美觀筷架的專題。筷架？嗯……豪爽的台灣人都大剌剌把筷子架在碗上耶。

不像台灣人把主持中饋的主婦當成隱性米蟲，酸溜溜地讚一聲「好命貴婦」或「閒閒美代子」，日本社會肯定持家的辛勞，對專職主婦的敬意是很高的。男主外，女主內。太太做家務帶小孩，對家庭的貢獻和先生上班賺錢一樣大。老一代日本女人固然以夫爲天，以家爲重，但同時身懷一家主婦的自尊，連切支蔥也很敬業。

而這份兢兢業業是有回報的，按照日本民法，熟年離婚，太太也能分一半退休金。所以日本先生最怕退休後，被太太當「粗大垃圾」掃地出門。

相較於此，台灣的太太離婚，還不見得有贍養費呢。除非家境殷實又厚待女眷，不然全職主婦有什麼經濟保障可言呢？家務無給薪，沒退休金，沒加薪升遷，更沒分紅福利。家務永遠做不完，做了也沒人看見，這種黃臉婆的集體不安全感，造就了《犀利人妻》電視劇。

我從作家蔡穎卿的書中，隱約看到日本主婦遺風，她說：「我最捨不得的是，現代女性不再關心生活雜務裡美的成分與可以形成影響的生動，我們只看到它們繁瑣累人的部分，誤以為這是虛耗心力的工作，因此細密照顧生活時的溫婉之心，慢慢流失在自己的煩厭當中。」

這我懂，饒是一身反骨，也醉心於一早打開日本漆器蓋碗時，細切的綠蔥隨著碗中味噌雲霧舞動的美麗景象。

但我更知道，老天很公平地給每人一天二十四小時，花一個小時熬味噌湯，就硬生生少了一個小時去閱讀、游泳、計畫旅行、準備客戶提案。

女性整天躲在廚房裡，那社會參與呢？公共政策呢？環保呢？選舉呢？分擔家庭經濟的職業婦女更揪心了，加班呢？應酬呢？出差呢？要賺回麵包養家活口，可不是「溫婉之心」就夠了呀。

都已家庭工作兩頭燒了，社會還用「對家人的關懷」來包裝美化繁瑣家務，以愛之名逼女性拾起湯杓，乖乖當起爐灶邊的天使，這種情感勒索，難道不像套著絲絨手套的鋼爪，優雅卻致命地扼住女性的喉嚨嗎？

當然這也是一種內化的生活習慣。好友T子在大城市當 OL 上班族，即使未婚獨居，早上也會開伙，她在廚房煮湯時，我仍矇著棉被睜不開眼，哀號道：「天哪，我如果有美國時間煮味噌湯，寧願多睡一下。」

在台灣，我去早餐店買包子米漿可是一把好手。

但在日本，一來外食昂貴，自炊省錢，二來吃飽才出家門，日本上班族提著蛋餅奶茶到辦公室等於職場自殺，小孩帶外賣早餐到教室吃，更是母職的徹底淪喪，會遭人白眼。

團體壓力是日本社會的潛規則，遵守社會規範給日本人帶來的安心踏實感，不是變通活潑近乎刁蠻的台灣人能理解的。

除非以家管爲職志，或天生愛好，無味噌湯不歡，不然早起煮湯一定要排在現代女性的 to-do-list 上嗎？營造小窩固然溫馨美好，也要留點餘力去探索大千世界。

一個女人念茲在茲，細心熬煮一鍋蛤蜊味噌湯，卻坐視不管新成立的工業區將污染出產蛤蜊的海岸。湯再美味，也不算好太太、好母親。

挑燈創作的女作家，早上晏起只要一杯黑咖啡。趕著通勤車潮前到公司，才能準時回家吃晚飯。睡眠已經貴重如黃金，多睡四十分鐘是善待自己健康。而摟著孩子說十分鐘貼心話，難道不比煮一鍋湯重要嗎？

「家」有時難免像「枷」，即使懷念單身的自由，仍如同被小王子馴養的那隻狐狸一樣，心甘情願，等候守望，悉心呵護。

不論日本台灣，希望現代女性樂於為家庭付出的同時，有足夠自信用自己的方式築一個溫暖的巢，哪怕冷鍋清灶或餐餐開伙，也不應一頭塞入「女人當如是」的制式框架裡，被「家政婦女王」的角色所制約，早上沒端出味噌湯，就忝為人妻人母似的。

然而，對多桑和咖桑來說，味噌湯與其說是食物，毋寧說是老一輩的日本人相守一世的承諾，男有分女有歸的傳統性別分工下，少年夫妻老來伴的樸素美感，不也溫暖的像寒冬早上的熱湯嗎？

注1：平成不況：現在位的天皇年號為平成，在一九八九年登基後日本就一直處於經濟不景氣的狀況，被日本人稱為「平成不況」。

義大利餐桌

非法移民少年的大廚夢

坐夜車到米蘭，貪便宜買了最便宜的巴士，在巴士站看到幾個亞洲人，傾耳一聽，講的是大陸口音的「普通話」，上了車一個小弟很巧地坐我旁邊，他眉清目秀，個子略矮，卻不瘦弱，大約是國中生吧，我猜。

幾個小時的車程總不可能不講話，我笑著問他的年紀，他又驚又喜我講中文。「今年滿十四歲」，他有點羞赧。

我啃著冷冰冰可以用來拿來打人的麵包棍夾乳酪，他的「盒飯」倒是很豐盛，咕咾肉、宮保雞丁還有蝦仁蛋炒飯。

好香，我忍著眼光不往他的食物飄去。

就算來歐洲好一陣子，餐餐三明治讓人食不下嚥，啃麵包「嘴裡淡出鳥來」，我努力保持台灣人的尊嚴，暗暗用大禹治水的決心「疏導」我氾濫的口水，我的台灣胃怎可背叛台灣魂呢？

香味一陣陣飄過來，想吃想吃，想吃辣的香的醬的油的蔥蒜的大火爆炒的，想吃想吃想吃……

嗅覺腦在一億五千萬年前爬蟲類統治地球時就形成，在人類漫長演化的過程中，漸漸形成嗅覺中樞的大腦「邊緣系統」，是最原始的感官功能，與情緒記憶深度連結，所以人聞到一個味道，往往會喚起塵封的記憶。

就算身旁的香味喚起我對中國菜深深的愛戀，但要我開口索食，我寧可被冷麵包噎死。吃太香的食物果然是公害，原來，威秀電影院是有道理的。

那位小弟倒是很善解人意，彷彿看透了我的天人交戰，遞過來一個用面紙包著的春捲：「我們店裡午餐剩的，不嫌棄就請用一個。」

卻之不恭，我盡力不喜形於色，吃過春捲，假斯文地說：「謝謝，眞好吃。媽媽做的？」

他說：「是我自己燒的飯。」原來是個在餐館打工的小師傅。

「喔？眞能幹。」台灣十三、四歲的小男生只會打線上遊戲和補習。

他的故事跟我想像的版本相差不遠，爸爸在他五歲那年跳機，在餐館蹲了幾年，死命攢錢再請人蛇集團接他來，就這樣，一個拉一個，他們欠了人蛇集團一屁股債。一家人彷彿被扣住當人質，輾轉於成衣工廠和中國餐廳當奴工還債。胃是無底洞，每天睜眼就要吃，中國人飄洋過海，吃不慣牛油麵包，一定要吃中國菜，既然左右是吃，那就做這門生意來餬口。下南洋如此，溫哥華淘金潮如此，開巴拿馬運河如此，築西部鐵路也是如此，四海都有中國人，四處都有中國餐館。

人離鄉賤，正因爲移民階級和餐館密不可分，所以歐洲人對中國菜的印象，異國風情或許沾得上邊，但格調全無，遠遠不及日本料理高檔。

在不少人心裡，用打造日本武士刀的古法手工製成的高級菜刀，薄薄片下紅寶石般的鮪魚肚肉，擺盤於白細瓷之上，就是東方禪心的極致，卻奢華到無以復加，吃在嘴裡的是自翊爲國際文化精英的莫名陶然。而油膩膩的便宜中國菜只配外帶，孤陋寡聞一些的還以爲宮保○○糖醋╳╳就是我中華美饌的全部。

賣中國菜是海外華人第一代的生存之道，多少移民家庭靠中華炒鍋在異鄉養活一家老小，大火鍋鏟下仍盯著小孩擠在油膩餐桌寫功課，歐洲高等教育低廉，甚至免費，長大前進波羅尼亞大學、羅馬大學、米蘭工業大學等最高學府，晉升高薪專業人士。

《功夫熊貓》裡鵝老爹的原型，相信就是來自一身油煙、兜轉灶間爐邊的亞裔父母，切切剁剁了冒險離家的顫抖，下鍋爆香了語言隔閡，大火快炒了異鄉奮鬥，細火慢燉了種族歧視，油炸了非法居留，紅燒了高騰物價，勾芡了對子女的希望，裝盤的是去國十年老盡的少年心，叫賣的是日久他鄉變故鄉的漂泊，吃下肚的是一個失落世代的歐洲夢（美國夢）。

歐洲隨著經濟情勢大壞，右派政黨紛紛出線，仇視移民，砲火隆隆對著好吃懶做的非洲移民和中東移民開罵，只寄生在社會福利制度上，閒閒什麼都不幹拖垮財政。卻異口同聲說，亞裔移民例外。

這個當然，亞洲工作狂哪是一年要休兩個月有給假的歐洲人比得上的？甚至日後靠炒鍋發家太興旺還惹土著眼紅哪，是不？亞洲移民家庭無時無刻不守著雜貨店、小餐館，簡直像經營 7-ELEVEN 一樣全年無休，拉低生活品質，毀了義大利人最寶愛的 LA DOLCE VITA（甜蜜生活）。

未來說不定教中文也能混飯吃，但要爲人師表教母語，本身也要有優異的外文能力和證照，這當然不符合在家鄉一窮二白爲追求更好生活而冒險犯難的偷渡跳機客。

他們一下飛機，出船艙，就被接應人蛇藏在當地華人社群裡，沒有文件，沒有紀錄，沒有身分，當然也不存在，命懸一線。除非想被遣送，不然司法警政社福統統幫不上忙。西班牙電影《最後的美麗》（*Biutiful*）片中，非法移民寒天睡在紡織工廠裡，瓦斯中毒集體死亡的慘況，不只是電影情節。

我看著旁邊這株過早移植的小樹苗，有點心疼。

「你喜歡煮菜嗎？」

「是的，我喜歡，廚房讓我心安。我們菜可好吃了。」

「你以後想當什麼？」

「以後我要當大廚。」但我當下認定他這輩子可能除了煮菜，其他啥都沒做過。

你可知道中國菜不是只有你天天煮的過甜過酸的糖醋排骨，老外吃中菜的口味跟三歲小孩沒兩樣。

每天在陰暗低矮的廚房裡，按表操課煮出的宮保 whatever，根本端不上檯面，在兩岸三地什麼都不是。不管什麼菜，不是被番茄醬淹死，就是泡在醬油裡游泳，再不然一定勾芡得像漿糊。

你可知道義大利是多少世界級大廚的心靈原鄉。而你故鄉的各大菜系，又是多麼淵遠流長呀！

但是，生活在義大利社會的最底層，離開中國時又太小，一個家庭要多絕望多貧窮，才會安排當時才七、八歲的他偷渡呢？

他自然不曾見識過義大利飲宴的風雅，中華酒席的豐美。如此年輕的生命被貶爲廉價勞力，拘禁在卑陋食攤和血汗工廠，看不到人生應該有別的可能。

我看著他的眼睛，盡可能簡單地說：「如果你對廚藝有熱情，想盡辦法去上烹飪職校，把義大利文學精，但也千萬別荒廢了中文。長大要用腦袋賺錢，不要用勞力。工夫學會了，別說在義大利，回國也有人搶著花大錢雇你。」

我相信在暴富虛華的中國大陸，餐飲人力市場對精通義大利飲食文化的本國大廚，一定會報以微笑。

他小小的身影在被人群吞了進去，時尚之都米蘭近郊有華人經營的紡織工廠，出口 **made in Italy** 服飾到全世界，卻進口非法奴工賺取暴利，一走上這條路，往往像老鼠上了滾輪難回頭。

希望他走的是別條路，他眞的值得更好的機會，只要敲開教育的大門。

因爲，十四歲的大廚夢，啊……是多麼珍貴的東西。

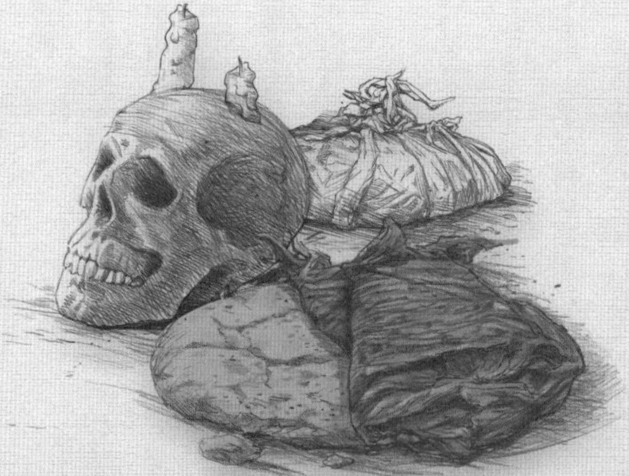

墨西哥餐桌

玉米粽的死亡與重生

我和M相遇在墨西哥市的巴士上，他自幼喪父，奮發用功，剛拿到留德博士獎學金，在這個沒有社會福利、擦鞋童滿街跑的國度，他的人生簡直就是灑狗血般的勵志故事。

他去歐洲留學前要回家過節看爸媽，我應邀下鄉。

我疑惑：「爸媽？等一下，你爸不是去世了嗎？」

「在拉丁美洲，鬼魂會跳舞，會思念故人，會回家，會吃飯。」他說。

馬奎斯的《百年孤寂》中，易家蘭跟死去了數十年的曾祖母親切聊天；蘿拉．艾斯奇弗的《巧克力情人》中，蒂塔向已去世的奶媽學習用樹皮治療火傷。

美洲原住民自古相信亡魂和活人存在於同一時空，未受理性主義思潮洗禮的西班牙天主教，帶來了更多聖徒和神秘主義。這是拉丁美洲魔幻寫實文學傳統的源頭。

墨西哥的死者之日源自原住民傳統，相當於台灣的清明節加上農曆鬼月。市場上到處在賣黑巧克力做的迷你棺材，打開棺材板，裡面躺著白巧克力做的骷髏，還有骨頭形狀的麵包，糖果作成的人頭骨，三十披索就買到了。

家家戶戶都張燈結綵，在客廳點起蠟燭，用紅黃色的花瓣和糖果裝飾出美麗的供桌。公園或是教堂廣場的祭壇，更是盛大的能和台灣元宵節花燈較勁，帶著墨西哥大草帽的骸骨拿著吉他唱拉丁情歌，做鬼也風流。

除了房屋，墳墓也裝飾得像春光爛漫的花園，一掃陰森之氣。晚上，全家人舉著蠟燭、攙老扶幼來探望逝去的親人，年幼孫子跟著老祖母，依著墓碑一句一句跟唱一首老歌，古老曲調彷彿造成奇異的共振，燭火隨之跳舞。

我來自對死亡有無數禁忌的台灣，別說慶祝，老人家甚至連提到「死」字都忌諱，「呸呸呸」的像吃到蒼蠅。清明中元的祭祀，我從小感到的是敬而遠之

『死人之日』和我們的清明節很像，同樣是祭祀先人，墨西哥人的氣氛卻充滿愉快與繽紛，他們會帶樂器和食品去掃墓，或者在家裏搭起祭壇，放滿祖先愛吃的東西，讓亡靈回來高高興興地團圓。

的恐懼，怕「保佑無，責備有」的祖先作祟，怕鬼門開紙娃娃會動，參加喪禮回家後要用燒了符的艾草水從頭洗到腳，從來不是歡樂。

難道，墨西哥人不怕「卡到陰」嗎？

家人團聚自然少不了「母親的味道」，M的寡母要做玉米粽過節，這是M的爸爸生前最愛的菜。她把鹼化過的玉米粉加油水揉成黃澄澄麵團，發麵，桿成好大的麵皮放在淺鍋裡，然後把雞肉和香料填入，再蓋上麵皮，用香蕉葉層層包裹，放到烤箱烤熟。

這道鄉土菜餚的食譜可以追溯至哥倫布發現新大陸前。也可以做成小點心，改用玉米葉包裹。

早在天主教傳教士擎著聖經，宣揚基督寶血和聖餐前，自古以玉米爲主食的原住民就相信人由玉米所生，人是玉米做的，人死了埋到土裡，玉米從土長出，人再吃玉米，子孫吃著祖先骨血茁壯，終歸一日自己也會歸於泥土，化成玉米孕育下一代。

吃喝有時，死亡有時，再生有時，滋養有時。

或許，這解釋了爲什麼墨西哥人對死亡那麼具有黑色幽默，甚至會慶祝死亡？

生死吃喝，不過是天地間最尋常的過程。玉米是人做的，人也是玉米做的。台灣的死神是拘魂攝魄的黑白無常，牛頭馬面，生人勿進；墨西哥的死人骨頭，卻是俏麗深情，衣香鬢影，總有一天等你一起來跳舞。

雞肉玉米粽在烤箱裡，傳來濃郁的香氣，口感有點像粿粽，又有點像鹹派，我吃了一盤又一盤，M的媽媽感傷中不禁失笑：「『中國女孩』都那麼會吃嗎？」在拉丁美洲只要是亞洲面孔，就是中國人。

肉體死亡是第一種死亡，被生者徹底遺忘是第二種死亡。而如果亡者生前曾經和別的生命做了善意的連結，像水波一樣擴散開去，就會永生不死。

那天，M和媽媽將亡靈麵包、家族遺照、鮮花素果擺了滿桌，好好迎接已逝的至愛親人，爲人夫，爲人父，雖然看不見，可是依舊存在。

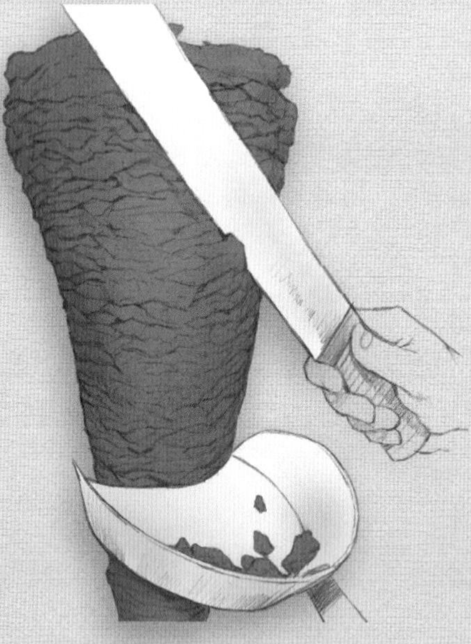

德國餐桌

沙威馬小販的古董淘金熱

柏林陽光普照的下午，許久不見的F約我出來聚聚。

F念商學院時曾來台灣當過一年交換學生，她邊懷念著士林夜市超級大雞排，邊擠了一堆番茄在咖哩香腸上：「吃吧，這家的番茄醬最好吃，不一樣，而且賣的都是牛肉香腸。」

撒了咖哩粉的香腸小吃攤在柏林街頭三步一家，五步一店，食客圍著小圓桌站著吃，連椅子都免了，行色匆匆。

吃多了這些西式熱狗香腸火腿培根，我不禁很白目地嘆氣：「台灣夜市的大腸包小腸才是人間美味呀。」才猛然想起F的父親是回教徒，從不吃豬肉，當年在台灣一天三餐，可說是步步爲營，小心翼翼。

但也不能怪我，除了不吃豬肉，F一點也不像刻板印象中的回教婦女，白膚金髮，打扮俐落時尚，剛從北京回柏林，說話還多了點京片子。她友善地開玩笑：「到了北京，我才知道台灣腔的ㄣ和ㄥ，是糊在一起的。」

目前她邊念漢學博士，專攻美術史，還在社區大學開成人初級中文課，她靈機一動：「我有個朋友在附近開一家小吃店！」

我們與沖沖騎車，路面上殘留著已夷爲平地的柏林圍牆遺址，扭著方向盤，車輪一下跑到東德，一下跑到西德，穿過色彩斑斕狂放的塗鴉牆，耳中灌入震天價響的電子音樂，跑了幾條街口，好讓我換換口味。

店口人頭鑽動，櫃台後那根巨大的土耳其旋轉烤肉串，飄出迷人肉香，原來就是台灣偶爾可以看到的沙威馬，在這叫做都拿卡巴堡（DONER KEBAB）。

土耳其人是游牧民族的後裔，據說沙威馬的原型，是將羊肉插在彎刀上就著火烤熟的戰備食品，於是慢慢演變成今日一根鐵棍，旁邊一個烤箱的料理方式。

幾名壯碩的中東大漢，黑髮黑鬚，一身褐色肌肉，操著快刀「唰唰唰」從像

山一樣高的烤肉串片下碎肉，夾在熱烘烘的烤餅中，各色生菜花團錦簇，淋上醬汁，從櫃台遞了過來。

我們像捧著情人節九十九朵玫瑰花束一樣，用雙手捧著幾乎比臉大的沙威馬，努力將嘴巴張到最開，把鼻子深深埋入，一口咬下，肉汁四溢，蔬菜鮮甜爽脆，烤餅嚼勁十足，非常有層次感。

店裡客人德語、土耳其語此起彼落，對面的金髮日耳曼辣妹穿著熱褲，旁邊的中東大嬸卻蒙著黑頭巾。

我一半中文一半英文和F閒聊正歡，門開了，兩個年輕男子一前一後「嘿咻嘿咻」地抬著冒著陣陣寒氣的巨大柱形物體，上面罩著銀色的錫箔紙，串著一根不鏽鋼棒，看來就是烤肉串。

原來如此，店家不用打理烤肉串，只要打通電話，中央工廠配送到府，直接上火烤，配上蔬菜醬汁和餅皮，生意就做起來了。

我眼睛一亮，嘖嘖稱嘆：「眞有生意頭腦！沙威馬可快速複製，發展連鎖加盟事業再適合也不過了。」

那個送貨的俊俏小伙子看到F，著迷似地立刻丟下肉串向我們走來，露出閃亮的白牙齒：「嘿，好吃嗎？」我正迷惑他這句到底是德文英文還是土耳其文……怎麼聽來都不像？F用字正腔圓的中文回答：「太好吃了。」

這位有著一雙放電黑眼的K是F中文課的學生。但除非是楊過和小龍女，師生見面，哪有人那麼含情脈脈、心花朵朵開呢？

紅遍歐洲的沙威馬，其實誕生在柏林，是土耳其移民的創新發明，祖先在馬背上討生活，飲食除了肉還是肉，爲了迎合歐洲人的口味，添加了各種蔬菜沙拉和醬汁，灑上起司，鮮脆爽口，物美價廉，兩、三歐元就吃得飽，普遍被認爲是比麥當勞或肯德基更健康的速食。

五〇年代末期到七〇年代，正當戰後重建的好景氣，德國急需勞工，只好開放義大利、葡萄牙等南歐人來德工作，其中貧困的土耳其農民來得最踴躍，生養眾多。德國需要的是勞動力，來的卻是活生生、會哭會笑的人。今日柏林竟然是全球土耳其人口最多的城市之一！

冷戰中期以後，柏林圍牆阻隔了西德、東德的往來交流，土耳其移民住在當時西柏林的邊緣，沿著柏林圍牆建立了他們的「小伊斯坦堡」。

一九八九年，柏林圍牆倒塌那歷史性的一刻，圍牆東邊的東德人激動地敲打挖掘攀牆，圍牆西邊的土耳其人仍高聲叫賣沙威馬。沙威馬簡直和可口可樂一樣，是東德人踏入西柏林，吃在嘴裡，代表「自由滋味」的第一樣食品。

爲了服膺政治正確，金髮碧眼的日耳曼土著們嘴上不說，但內心暗暗將移民分成好壞兩種。

壞移民枕著黑槍睡覺，照三餐嗑藥，動輒揮舞彎刀和可蘭經「榮譽謀殺」自家女眷：把女兒姊妹關在家裡，女子出門也要圍頭巾面紗，畏怯地垂下無神的雙眼。

無能失業，沒有GDP生產力，生育力卻是驚人，最安分守己的好表現也只不過是生養八個十個小孩。自成小天地，和外界老死不相往來，一句德文也吐不出。

好移民則是秉持著驚人的毅力，守著網咖、蔬菜攤、小餐館、洗衣店、雜貨店、小貨運行，默默在社會底層彎腰流下汗水，好拾起地上的麥子。

數十年後，子女承襲了父母的勤勉，操著流利的德文歡呼或是咒罵，經商從政執教鞭，開得起MERCEDES車，用WMF廚具煮飯，世界盃時當然一起爲德國足球隊加油，開懷喝啤酒啃豬腳。

F和K都是柏林土生土長的土耳其裔移民，卻天差地遠。如果第二代移民的成長過程有光譜，他們分別位於兩個極端。

F那留學德國的爸爸來自首都伊斯坦堡的上層階級，拿到建築工程學位後，直接留在德國工作，鬧家庭革命娶德國女同學爲妻，迎接百年難得一見的黃金景氣，混血獨生女F視種族歧視爲無物。

而K的爸爸在六〇年代初期從土耳其貧瘠的鄉下小屋走出，來到西歐首善之都賣力氣蓋摩天大樓。K是結實纍纍的藤蔓上最小的果子，和成群手足打打鬧鬧長大。

當F的爸爸一身西裝革履，在辦公室裡趕稿擘畫都市天際線時，K的爸爸在工地滿頭大汗，一磚一瓦使建築藍圖成眞。

德國失業率之低，傲視歐洲諸國，全拜扎實的技職教育之賜。要進入一個職業，必須早早上課，實習，考照，進修，過關斬將後，一個蘿蔔一個坑，各安其位，忠心敬業，可說是一條路走到底的單行道。

德國學生的家庭背景和讀中學比例高度相關，教師家長傾向把成績滿江紅的下層階級學生早早導向技職之路，不抱任何「鯉躍龍門」的希望。這其實無關種族歧視，而是現行制度下，社經差距讓窮人家的孩子難踏入高等教育的殿堂。

貧窮和教育一向都是雞生蛋、蛋生雞的無限迴圈。移民大字不識，沒有好成績，進不了好學校，找不到好工作，於是土耳其人漸漸接管一些進入門檻低的勞力行業，免去課稅營登的文書作業。

窮人沒有挑挑揀揀的權利，誰的人力成本最廉價，就最有本錢成日守著小攤賣舊盤古碗，開著小車四處謀生。

德國戰後，猶太大屠殺集中營的焚化爐餘溫猶存，歷史血債千夫所指，讓政府當局從不敢對非我族類的移民進行強制驅離遣送，致力發展崇尚民主自由、多元文化的現代社會，仗著天時地利人和，大多土耳其勞工留了下來，日久就他鄉變故鄉。

不過，移民要取得完整公民權利仍然難如登天，K前面幾個最大的哥哥至今沒有社會福利保障，每天起早落晚經營小攤子拚命攢錢。當然也有親戚一家三代半句德語也不通，靠生孩子領救濟津貼過活的。

有時捫心自問，若台灣遷來十萬外國移民不事生產，長年全靠人民納稅供養醫療教育，奶粉尿布，卻又不學中文，自成一國，那我工作繳稅之時，難道不會罵聲連連？

F說：「我媽離婚後花了半輩子把我從土耳其文化挖出來，現在要我跳回去？」F自小靠優異的學業證明「她和其他的土耳其移民不一樣」，而她很清楚，若她膽敢對其他土耳其移民表露出絲毫歧視之意時，剛好合理化了土生土長德國人對她的歧視。

K渾身散發著台灣夜市那種熱鬧滾滾的生命力，只有職校的最低學歷，長年與販夫走卒打交道，鍛鍊出最草根的生存直覺；而F，則是關在象牙高塔攻讀博士，皓首窮經。

K保守的回教家庭不見得能接納西化入骨髓的F，好情人和好太太從來不是同一批布料裁出來的兩套衣服。

我們一邊啃著沙威馬，一邊看電視轉播足球賽，土耳其代表隊數名主力球員都喝日耳曼奶水長大，受德國長期培養栽培，卻報效母國土耳其，縱使體育無國界，仍引起不少德國人質疑：「看吧看吧，他們心還是向著土耳其。」

我問K：「如果世界盃時德國隊和土耳其隊下場比賽，你會爲誰加油呢？」

K沒正面回答問題，有點無奈地說：「柏林是我的家，我這輩子從沒離開過，但如果你覺得德國不歡迎你，就很難找到努力融入這個社會的理由和動力。」

然後拿起遙控器轉台，一個土耳其人正舌燦蓮花，將節目來賓的家傳舊物賣出好價格，慧眼識貨，有行有市，方能成交，K指著電視：「看！那是我表哥。

混得挺好，還主持自己的節目。」一表三千里，我猜他起碼應該有一百個表哥。

K回到櫃台後切肉，下午尖峰時段結束，飽滿厚實的肉串被雕塑出纖細的曲線，K喘口氣，抹抹連身圍裙：「我的一個哥哥經營回收服務，專門供應跳蚤市場上的舊貨，有東西想要讓你們看看。」

原來他家各個兄弟，開沙威馬快餐店，開蔬果店，開貨運行，開搬家公司，閒時在跳蚤市場擺攤，張羅每日的柴米油鹽醬醋茶。

走去K家的路上，K牽著F的手，和每個下棋的老人打招呼，捏了所有小孩的臉蛋，一群小鬼興高采烈地跟在後頭。

我隨口問K：「你怎麼想學中文呢？」K的回答倒是爽朗直接：「我想靠古董發大財！」看他眉色飛舞，我福至心靈順口接話：「Insha Alla（願阿拉保佑）！」這是我唯一知道的伊斯蘭禱詞。

惹得K哈哈大笑：「我媽以前擔心月底繳不出帳單時，常說這句話。」F插嘴：「我爸罵公司員工是飯桶時也常說。」

清真寺喊拜聲清亮悅耳，生活規律由一天五次的禱告時間決定，空氣中傳來香料乾貨的味道，在如此有異國風情的地方，K的夢想聽來也不像一千零一夜的魔毯那麼虛無飄渺了。

「K你那麼認眞學中文，那誰管這家沙威馬烤肉店呢？」我邊走邊問。

「是另一個哥哥新開的。人手不足，我來幫忙一下。」沙威馬店裡的牆上，的確貼滿了搬家公司的小廣告。

我問：「K你到底有幾個兄弟姊妹呀？」

「十二個。」K奮力打開倉庫生鏽的門，頭也不回地說：「德國人一輩子善於保存累積東西，直到他們死去。」

打字機、檯燈、行李箱、舊大衣，一疊泛黃情書，淚痕已乾，仍用絲帶紮起，過往愛情的記憶深深沉睡在抽屜裡，直到老祖母安享天年，子孫打算變賣或出租房子，沒閒工夫處理累積數十年的遺物，便打電話雇了清理搬家公司。

生滿蜘蛛網的乾隆御用官窯瓷器深藏閣樓，在車庫大清倉被草草賤賣，淘寶識貨人走了財運，在拍賣會上售出上億的天價，一直是蘇富比、佳士得最爲人津津樂道的現代童話。

在「歪果仁」的眼中，日本的漆器、中國的鼻煙壺、越南的書畫、韓國的瓷器，這些遠東文物哪有什麼區別？錯把故宮級的古董文物當廢物，夾在成堆破爛裡一兩歐元的論斤賣，並不是天方夜譚。

K可能看多了這種都市傳說似的新聞剪報，眨著黑眼，閃閃發亮。光為了提高自己識貨能力，特別去學中文這點，就堪稱創業楷模了。他還蒐集古代東亞美術圖鑑，齊全的程度媲美小型圖書館。

近代中國的滄桑，令人不忍卒睹，英法聯軍進犯，八國聯軍洗劫圓明園，也不過是一百多年前的事。歷史的傷口汩汩流出的不只是鮮血，還有價值連城的古老文物。

從深宅大院掠奪而來的稀世珍寶，的確有可能流落民間。滾滾歷史洪流中，K是彎腰低頭的淘金人。

把舊物掃地出門，才能重新粉刷裝潢，擺上IKEA摩登簡約的新家具。說不定之前放在門邊長年積埃惹塵的大傘筒，竟是國寶級的明朝青花蟠龍花瓶。既然不知道曾經擁有的價值，也就不知道看走眼的損失。

K專門和「衣櫃裡的骷髗」打交道，通曉不爲人知的秘密，茶褐色的瞳仁默然看著整個城市時光機吐納出來的各種舊貨，身爲「社會他者」的伊斯蘭移民，冷眼旁觀著客戶最私人的家務事，老人逝去、夫妻離婚，樓起樓塌的財務衰亡，子孫爭產的醜陋，在哪裡都一樣。

他搓著雙手津津樂道：「前年在廢棄地下室發現一整櫃餐具，二戰時可能是高階軍官俱樂部，每件餐具上都有納粹黨徽，我透過 **E-BAY** 轉賣到美國，眞是賺翻了。」

F低聲向我解釋：「在德國賣『納粹文物』可是會吃官司的。賣到國外去就對了。」

K收費清理搬家一定會產生的廢棄物，然後再把這些舊貨放在跳蚤市場變賣，無本生意，生財有道。每月每週在哪裡可擺攤，他背得比足球賽比數還熟。世上沒有兩片雪花是相同，每個舊物都有獨特的故事。挑出客人願出高價的好雪花，才有暴利可圖，這種內隱知識只能意會不能言傳，全靠經驗累積。一眼就能辨識好貨與否的知識含金量很高，過程眞的像在淘金。除了好眼力，生意秘訣在於競標、轉售，和遍布全球的客戶名單。

美國觀光客蒐集二戰相關的軍牌徽章，日本人爲了古老蕾絲織品競相出價，華人喜歡知名品牌的打火機、手表或菸盒。會把燈具、椅子、留聲機搬回家的通常是雅痞室內設計師，素人SOHO族總會把黃銅臉盆、錫水壺巧手變成藝術品。而德國製的手工具和機器本來就是世界馳名的好品質。

越沒文化的人，越以爲可以花大錢買到器物背後的文化。K兩眼冒星星，聲音顫抖：「柏林公家機關淘汰的舊辦公桌，竟然在上海賣到嚇死人的高價，陳設在暴發戶老總的辦公室裡！」K偶然發現他賣出的商品，被中間人用三十倍暴利轉手，從此立志發憤學中文。

有些瓷器，老則老矣，卻不值錢，是清朝時中國窯場大量ODM接單、外銷歐洲的貿易品。

通常社經地位越高的家庭，好貨越多，吃飽閒閒的有錢人才有餘裕在意各種愚蠢的事情，負擔無用的東西，一肚子講究雞毛蒜皮的怪脾氣。

被豐富器皿淹沒的人，總是麻木地要更多更多更多。他們把尊榮、關愛、青春等無形的情感與回憶，黏著依附在有形的物品上，盆滿缽滿也填不了生命的空虛，於是，櫥櫃若不再添購一套骨瓷餐具，就無法證明己身存在。

價格行情取決於希有程度、來自的階層、工藝、知名度、保存狀況，以及現代人對意象符號的聯想。

該怎麼解釋這價值公式呢？車神舒馬克F1賽事紀念T恤對車迷來說是不可多得的寶物，柏林動物園園遊會的錦旗就乏人問津。印著「爲乳癌婦女而跑」的馬拉松水杯一文不值，但只要年份對了，可口可樂的舊空瓶卻是奇貨可居。

這個行業完全奉行「你的毒藥是我的美酒，你的廢物是我的寶藏」。此文化的人，完全無法理解來自彼文化者的收藏癖好，K重複了好幾次：「你要了解你的顧客。**Insha Alla**（願阿拉保佑）！」

過時占地方的廢物運送到世界另一端，搖身一變，就是流行時尚的代名詞。品相好的希有絕版愛馬仕絲巾和GUCCI包，甚至可以進名牌精品博物館。

K還曾經發現令粉絲憧憬尖叫的大聯盟棒球卡，赫塞赫曼的首刷善本書，披頭四絕版黑膠唱片，百歲高齡的IBM打字機。說不定價值連城的黑便士郵票就藏在那疊斑駁的舊信裡。

去跳蚤市場尋寶一向是觀光客的心頭好。三個拜金的人做著發財夢，笑意盈盈地在倉庫裡挖著滿坑滿谷的寶藏，如癡如醉。

這條篩選生產線，最上游是老祖母剛蒙主寵召的家，最下游就是跳蚤市場。我呆望著手中泛黃的全家福，巧笑倩兮的影中人下落何方？不禁若有所思，人死如燈滅，那我到底留下了什麼呢？

舉凡銀器、飾品、皮件，單價都比較高，經過層層挑選，最後流到跳蚤市場的，已是無甚價值的舊物。

因爲種種莫名的機緣和神秘的命運，不經意的疏忽和錯估，這些曾被珍惜愛用的器具，承載著情感和前人手澤，輾轉來到我們眼前。

這簡直是一堂精采絕倫、跨文化跨時空的人類學，K懷著企業家精神日日夜夜和歷史之神展開嚴肅的對話，不斷盤算：「這要賣給誰好呢？」

我拿著一支銀餐刀讚道：「這漂亮是漂亮，但花紋也太複雜了，到底要怎麼洗呀？」F聳聳肩：「親愛的，相信我，一百年前，用這套銀器吃飯的，和清洗拋光的，絕對不是同一批人。」

在德國，撿東西，也是一門好生意！德國的跳蚤市場不計其數，其中以萊茵公園舉辦的超大跳蚤市場最為著名。

隨手拿起一個小巧磁杯，我吹去灰塵，下意識地讚道：「喔……這個工夫茶杯倒是很可愛呢……」K搖搖頭：「那個是早餐的水煮蛋杯。哪有那麼小的茶杯呢？哈哈……開玩笑……」

F把蛋杯倒過來，杯底果然印著德國麥森瓷廠的標記。我們相視一笑，同時想起雨天在九份茶館泡工夫茶的時光。

「喔，原來如此，同一個東西在不同文化的人看來，真的會有不同的用途和名稱呢。」我恍然大悟。

沙威馬生意忙不過來，K被成群的姪子甥女們喚了回去，他重新穿上油膩膩的圍裙，將比腰還粗的醃漬烤肉串架到烤爐邊，磨刀霍霍，還不忘對F拋媚眼。瞎了眼也看得出來，K和F會是一對甜蜜的璧人。

日耳曼女人個個是豪爽勇敢的小紅帽，從不當羞怯的白雪公主、睡美人，F目不轉睛盯著K的翹臀，低聲用中文跟我咬耳朵：「K真是可愛透了……可惜就是沒有文化……。」

每次聽歪果仁嘴中吐出大陸用語，都幾乎笑死。我逗她：「誰說的，他的夢想就是最高級的文化呢。」

亞洲語文、古董鑑定、美術史、東亞史、鑑價、估價、國際拍賣潛規則、商務契約等等，那扇文質彬彬的華麗大門，剛好不是K的街頭智慧敲得開的。

而F則沒有深入柏林大街小巷的綿密網絡，通透人性，搶在第一時間撿到好貨。若尋寶是一門好生意，那K和F可說是最好的互補。

K的魅力在於漫步市井街頭的瀟灑，德文程度或許沒辦法念歌德或黑格爾，但德國每年沙威馬快餐的總產值可高達三十多億歐元，比台灣的珍珠奶茶還驚人，若經營有道，穩當的小生意比貶值的高等學位賺錢多了，這年頭不管在哪，供過於求的失業碩博士都滿街跑。

隨著經濟力道攀升，中國躋身藝術強權，陣陣鎚聲下，「本夢比」越高，成交價就越令人咋舌。

誰又敢說，有朝一日，夢想的力量不會帶著K和他的世間孤品，前進華人富豪雲集的香港拍賣會呢？

Insha Alla（願阿拉保佑）！

丹麥餐桌

老祖母的嫁妝餐瓷

初次來丹麥，是寒風凘冽的初秋，鄉間落葉金黃一片，陽光也如同金子一樣珍貴。

在丹麥，社會福利將每個人自搖籃到墳墓照顧得妥貼，竟連失業了也有旅遊津貼可領，這裡可能是全世界最接近天堂的地方。

百年富裕和平的丹麥，和四十年前經濟起飛暴富的台灣，生活到底相差多遠呢？

心裡抱著的這個疑惑的我，終於在朋友家的餐桌上發現了答案。

客自遠方來，身為主人的E稍稍布置了晚餐桌，叫開飯了，走入餐廳眞讓我眼睛一亮！

白色細痲大桌布為底，每人面前一張天藍棉織餐布，大盤上一個中盤，上面是相襯的藍餐巾紙。

玻璃高腳酒杯、水杯、刀、叉、匙，一字排開，成套的皇家哥本哈根瓷器，藍白相間，雅緻簡潔。

長盤上是狩獵季的烤麋鹿肉，掀起蓋子，湯鍋裡是水煮馬鈴薯和花椰菜，佐以沙拉起司等配菜，當然永遠少不了黑麵包和棕醬。

比起令人驚艷的餐桌擺飾，菜色至樸，烹調極簡，北歐果然不以美食聞名。

貪嘴愛吃的台灣人對火候刀工調味的重視，遠高於席間什麼杯配什麼盤的講究。

可以花五個小時滷豬腳，麵線要手工拉的陽光曬的，醬油是西螺產的古法醬油，但一家大小各自草草用碗公裝了，瞪著電視吃將起來。

在重視家庭生活的丹麥，晚餐可不只是填飽肚子的生理活動，更是交流情感的心理活動，所以布置出愉悅溫馨、利於互動的氛圍最重要，餐桌美則美矣，卻大多是冷食。

自從三百年前德國麥森瓷廠洞悉製瓷奧秘後，歐洲各國皇室無不責成自家瓷廠加緊研發，王公貴族在杯觥交錯中，打量的不是食物，卻是食物的載體。所以瓷器並不是一次買齊，歐洲家庭中昂貴瓷器通常只在婚禮訂製添購，餐桌瓷器是歷代女主人的嫁妝，宴客時的驕傲，終身寶用。祖母姨媽姑婆等女性長輩去世後，兒孫可以分得部分瓷器，代代相傳。

每個碗盤背後都有製造年分，桌上瓷器最早竟可以追朔到十九世紀中，最近的是三、四年前，講究一些的還有已逝老祖母的芳名縮寫。

席間E說：「那個牛奶壺我從小就看，是我曾祖母的。有家裡的老相簿爲證。」

整個家族代代進行一種無形的接力賽，隨著成員嫁娶生育或逝去，把磁器分散又彙集，增加又希釋，代代先人遺澤拼湊出一桌的晶瑩馨香。有什麼其他例子，比這更適合來解釋文化承傳和家族歷史呢？而E只不過來自於需努力工作以換取衣食的中產之家而已。這還不是聖誕節或紀念日的餐桌擺飾呢！

自古有言：「富過三代，才懂吃飯穿衣。」現在台灣多的是可砸大錢買成套高級名牌餐具的豪奢家庭，但就算買得起故宮汝窯宋瓷來吃滷肉飯好了，有哪個暴發戶能說出滿桌餐具對自己有多少文化意涵和歷史承傳呢？

台灣是生氣蓬勃的移民社會，歷史感相對薄弱。追溯起來，大家的上一代或上上一代，都還只是目不識丁的赤腳農民。用竹筷扒番薯籤飯果腹的阿公阿嬤，哪有什麼閒工夫弄傳家瓷器？

草萊初創的邊陲小島，草莽氣息重，向來沒有孕育精緻文化的貴族階級，就算是曾經富甲一方的仕紳板橋林家後代好了，我相信先祖收藏若沒毀於空襲，也是藏於高閣，不會用於日常飲食，時時唇舌相親。

而一九四九年從「瓷器之國」遷移來台的外省族群，即便是鐘鳴鼎食的世家貴冑，逃難時命薄如紙，朝不保夕，遑論攜帶身外之物。

詩禮傳家，這是太平盛世的講究。若丹麥曾捲入戰禍，希特勒的坦克鐵騎橫掃了哥本哈根，我相信E的祖父母絕對不會帶著一箱笨重易碎的瓷器逃命的。

對於什麼菜配什麼盤，台灣還停留在知識上的學習，不是美學意識的自然流露。而都市生活步調快加班多，通常一個便當就「青青菜菜」解決一餐。連筷子都「免洗」。從實際操作面說來，若眞叫人擺餐桌……光想到飯後要收拾，心就涼了一半。

E他們一家人一定不了解區區幾個盤子，就讓我喟然感嘆了那麼久呀！

日本餐桌

茶道課，與宮妃殿下的一期一會

大三在日本當交換學生那年，我選修了茶道課。姊妹校是一所國際大學，一半的學生是外國人，一半是日本人。連茶道老師P也來自泰國，先是負笈京都，拜在推廣國際茶道教育最力的「裡千家」門下。

每週一次，我們這群外國人在P半英文半日文的指導下，套著乾淨的白足袋（襪子），拎著小紙扇、揣著懷紙，踩著碎步，暗記得幾步跨過一塊榻榻米，一個和果子用竹籤切四等分，用敷紙捧著吃，茶碗轉幾圈，分數口喝下綠茶。光是進個門，就要跪下，手拉開紙門，雙手撐地「划」進門，連坐定後擺扇子的角度也要目測精確。

比起來自地球另一角落的紅黃白黑各路人馬，在種種地理歷史因素下，台灣人堪稱是日本文化最知心的外國人。

經過日本古裝大河劇的洗禮，我沒吃過豬肉也看過豬走路，而其他人卻壓根兒沒見過這一套繁複規矩，跪坐在榻榻米上行禮，應該是《藝妓回憶錄》才會出現的場景，充滿異國情調。

這不像跳舞隨著節奏跳久了就會了，隨心所欲。茶道要平息的正是瞬息萬變的心。藉由一套嚴謹茶禮，短暫進入一個「和靜清寂」的世界。

茶道攝受了禪宗精髓，心就像輕飄飄的羽毛，修持方法就是一把扇子，想用扇子接住羽毛，必須輕柔而專注。當下就是存在，此地就是淨土。

現代茶道大成於戰國時代末期，豐臣秀吉、德川家康等一代強人都曾坐在茶道始祖千利休的茶席上，英雄們行禮如儀，飲下茶湯，走出茶室，又是刀光劍影，以肉身相博。

「馬前懸人頭，車後載婦女」的腥風血雨中，悠悠飄進一股茶香。正是在朝不保夕、命薄如紙的亂世，幽玄風雅的茶室讓徬徨人心暫時獲得一份安祥。

「下剋上」的時代，烈士越烈，美人更美。人頭動輒落地的浮生若夢間，主持一場茶會，越是人命如草芥，越點一盞茶，一期一會，頂禮希有難得的尊貴人身。

千瘡百孔的炎涼世態，魍魎畫皮出一處靜謐，不煩亂不顛倒夢想，呼吸之間，燒水時燒水、泡茶時泡茶、吃茶點時吃茶點，體現深刻真切的生命實感，隱約就是佛門大慈大悲的待客之道。

彷彿走在無明的暴雨中，撐開一把傘，滴水成淚沿傘緣飛濺，傘下就是一時庇護。

日本人出盡水磨功夫，把龜毛發展到極致，最終成就了一門藝術，連擦拭茶具後折疊抹布等小動作，都有講究。亭主優雅的點茶，需要極度臨在，如入禪定，才能舉重若輕，將繁複瑣碎的規矩化爲行雲流水。

大家學點皮毛，有模有樣地將裝和果子的大缽一個傳一個，用長筷子把和果子夾出來，放在面前的懷紙上，光這個動作，若不是自小筷子功練到家，也難倒一干外國人：力道難斟酌，左夾右夾挑不出來。索性有人發狠用叉的，精緻小巧的和果子被折騰得東倒西歪，像幼稚園小朋友的黏土作品。

P笑得再怎麼含蓄溫柔，看著不解風情的男同學揮著小摺扇，像拿著星際大戰裡的光劍一樣對打，也不禁微微嘆氣。幽玄空寂的美學意識，就像茶湯在喉舌間慢慢回甘，離喝慣可樂汽水的一代，是不是遠了點呢？

侘寂，是大和民族累積千年的獨特美感，一時要外國人學會欣賞牆角的青苔，上色不均的陶碗，光澤幽暗的茶壺，庭中的枯黃落葉，眞有點像FM接收不到AM的頻率。

我們的確是有幾分辦家家酒的嬉鬧，但跪坐宛若針氈，腳底傳來痠痛麻癢的感覺，哪來的「和靜清寂」？課後大家哀鴻遍野，打直了雙腿，嚴肅地下了重大結論：「日本人的腳骨結構肯定、絕對、必然跟我們不一樣！」

上課前，一一除下戒指、手鍊和手表，用素淨的雙手小心翼翼捧著茶碗。教學用的茶碗當然不值多少錢，但正式茶席上主人用的樸素茶碗，再怎麼不起眼，也可能價值連城，禁不起一絲刮痕。

有朝一日，能在上流社會的茶席上，舉止優雅、禮儀精確地飲下一杯茶，比擁有一打勞力士還能驕其衆人，炫示教養。就算買來最新款的愛馬仕柏金包，也不如擁有祖傳古董茶具。這就是暴發戶和書香世家的不同了。

一日去茶道教室的路上，突然冒出一群西裝筆挺、面目嚴肅的保鑣隨扈，將學生擋下盤問，大家七嘴八舌竊竊私語：「親王、王妃來了。」原來是天皇的次子秋篠宮文仁親王偕紀子妃到校訪問。她腰桿筆直，端莊素雅，像嚴謹的茶道老師，言行舉止毫不踰矩

整天掛出標準公關微笑，訪問這、慰問那。我光看她滿臉笑容也替她覺得累：

「要享福，嫁有錢人當貴婦就好，嫁進皇室當王妃幹嘛？像活在金魚缸裡，眞是自討苦吃。」

有世家貴族來衆星拱月，皇室才襯得出氣派。不然，沒人往來酬唱互戴高帽，形成一個相對封閉的社交圈，如何對升斗小民顯出尊貴呢？

二次世界大戰後日本戰敗，公侯伯子男的封建華族階級徹底走入歷史。日本皇室如同樹枝孤鳥，還是瀕臨絕種的珍希保育類。

相對於一衣帶水的鄰居，動輒上千年歷史，台灣是草萊初創的移民社會，社會流動靠的是錢和教育，不是靠祖上某代曾封官晉爵。錢每個人都賺得來，而家世是錢買不到的。

所以台灣尚未沉澱出如此形式主義的品茶藝術，茶葉再好再香，也是生氣勃勃地吆喝：「來我家泡茶嗑瓜子喔！」的日常茶飯事。

我看到的只是皇室表面的排場和榮華，情感上完全無法像日本人一樣感同身受，一家父父子子孫孫之交替和一國歷史文化之承傳，到底有何關係？

因爲日文的敬語實在太難學，我常追著皇室新聞練聽力，只在電視上看過的

APU
tsumeikan
sia Pacific Univ
ntrance Cere
ctober

紀子妃突然雍容華貴地現身小小的茶道教室，令人感覺來到異次元星球，就像在英國喝下午茶時，凱特王妃從天上掉下來和你一起吃盤裡三明治一樣詭異。

以我當時有限的日文聽力，笑容滿面的紀子妃說的不外乎是社交辭令：「歡迎各位同學，今天一起學習日本茶道，眞的太好了，是吧？（そうですね？）」

這時說什麼或不說什麼都一樣奇怪，一片局促的沉默中，席間一個同學被催眠似半懂不懂地順口接話：「是呦。（そうですよ。）」

話是沒錯，拉長的尾音但卻莫名突兀，大家忍住不爆笑出來，頓時滿室茶香中瀰漫著噗哧聲。

爲什麼紀子妃造訪的僅僅只有茶道教室，不是經濟學教室甚至烹飪教室呢？去操場看校隊練習也可以呀。

奉茶儀式本來就有濃厚的社交性質。賓主齊聚的一方茶室，更是古典美學的平台，書畫、花道、陶藝、飲食、衣著、庭園造景，無所不包。

紀子妃雖然是來校訪客，對於外國留學生，用的卻完全是東道主的歡迎口吻。

這裡到底誰是主、誰是客呢？

留學生就像別人樹上好不容易成熟的豐美果子掉在自家院子，對人口負成長、少子化嚴重的日本來說，是最好的人口紅利。

日本教育部廣發留學津貼，卯足了勁招攬留學生，用五百年的世代接力才培養出的默契，盡心點一盞茶，表達歡迎之意，待客以誠，「一期一會」指的就是這個意思吧。

我就這樣在茶室裡，若有所思，莫名其妙地懂了。

印度餐桌

新嫁娘的香料盒

在印度工作時，甜美的同事S請我去她家過節，S的媽媽好客多禮，煮了不少應景的家鄉菜，一家人席地而坐，用右手抓起香蕉葉上的食物來吃。

用手攪拌食物，大舔手指，聽起來像極了鬧餐桌革命的頑童，有種挑戰禮儀的雀躍，但其實用手吃飯需要技巧，單手將醬汁和飯混合，四隻手指當杓，優雅翻掌，用大拇指靈巧地將食物推進嘴裡，嚴禁滴滴答答！

用手吃飯比什麼都衛生，印度人的邏輯是，你有十足把握自己的手洗乾淨了沒，總好過不清不楚不乾不淨的食器餐具。

就算不開伙不下廚的人，也會覺得印度主婦的廚房具有奇異的魔力，各色香料乾燥後磨成粉，土棕色的豆蔻粉、赭紅色的辣椒粉、暗黃色的薑黃、纖細的番紅花等，分門別類放在精緻的罐子裡，一打開香料盒，刺激撲鼻，色彩繽紛，簡直就像高級彩妝組！

調味時要帶上一大托盤的香料，一撮撮一匙匙地加，有一種藝術家托著調色盤、將各色油料往畫布上揮灑的興奮感和充實感，除了視覺，燒著吱吱響的油鍋，滿室生香，宛若嗅覺盛宴。

每一個已婚女人，就算是受過高等教育的都市職業婦女，除非心一橫，不然一定家務纏身。下班後爐邊灶尾，熱氣蒸騰，香味瀰漫，一邊「剁剁剁」地切蘿蔔，一邊訓示兒女經。

爲人妻爲人母，不就是柴米油鹽醬醋茶？只不過在印度，醬和醋被各種香料取代了，講究一些的主婦，不屑用現成香料粉，買來曬乾香料，自磨自用，而洋蔥蒜頭南薑呢，就用石杵臼搗爛。

如同華人夏天燥熱喝菊花茶解暑，冬天陰冷吃四物雞補身，印度自古以香料入菜，醫食同源，可上溯至吠陀經。廚中巧婦選香料之慎重，有如中醫師抓藥，

調和各香料的講究，堪比香水之都格拉斯的香水師。

想認識法國女人，得去看她的衣櫥，想了解印度女人，就要看她的香料盒。各家自然有家傳配方，老祖母的秘密，媽媽的訣竅，女人對家庭的奉獻，都濃縮在常用的香料盒中，少了，煮什麼都不順手。

三日入廚下的新嫁娘，洗手做羹湯，從娘家帶來的香料盒無疑是天降救兵，藉著熟悉香味得到情感慰藉之餘，更要快馬加鞭融合夫家的口味，煮出新任女主人的味道，大家圍著餐桌坐下來吃飯，自然就是一家人了。

S家有女初長成，早早就要考慮終身大事，嫁女兒影響家庭財務甚鉅。在印度，詛咒人的惡毒話莫過於「願你生十個女兒，個個嫁得好人家」，嫁一個女兒簡直就像燒一次房子，沒有嫁妝基本上找不到好女婿。

電影《雨季婚禮》（*Monsoon Wedding*）中描寫，嫁女兒花費大到要向朋友周轉，稀鬆平常。《三個傻瓜》中也出現窮弟弟尚未工作籌錢，所以姊姊仍待字閨中的橋段。

在此等「甜蜜負荷」下，女兒不光是賠錢貨，簡直是掃把星，不但有將初生女嬰用牛奶淹死的古俗，無良婦產科還私下打出「現在花五百盧比照超音波，未來省五十萬盧比嫁女兒」的廣告攬客。夫家不滿嫁妝跳票而引起的「新娘謀殺」，更是社會新聞的老梗。

嫁妝本來是上層種性的古來規矩，目前法律明文立法禁止，但仍普及尋常百姓家。嫁給好男人的價碼由市場經濟決定，男性朋友R每升一次官加一次薪，我就開玩笑地恭喜他一次：「現在你身價多少啦？」價格從二十萬盧比一路飛漲至一百萬盧比，未來新娘要帶的支票越來越大張。

我長期受「男方要好好打算、存娶某本」的台灣文化薰陶，在這裡，想把自己嫁出去卻要倒貼老本，難免憤慨不已：「照台灣傳統，男方可要給新娘金飾和聘金。」

換成R張大了嘴，頭髮直立，簡直痛心疾首：「什麼！娶老婆得包吃包住一輩子，她自己怎麼好意思不從娘家帶點生活費來？」

既然包辦婚姻中，女人結婚不也看在男人家業殷實，可當貴婦享福嗎？那要嫁給郭台銘就要有王雪紅的財力！要娶何麗玲，你起碼要是嚴凱泰！印度階級森嚴，沒有「麻雀飛上枝頭變鳳凰」這回事，那是寶萊塢電影拍來給觀衆做夢的。

當然，志不在嫁妝、只求佳人的男人所在多有，這點寫在自己徵婚頁面的選項中，保證提高排名和點擊率。

史蒂芬霍金有寫得出《時間簡史》的聰明才智，卻說：「女人是永遠的謎團」，印度人用網路找結婚對象時，更是高科技的不得了，簡直能探測浩瀚宇宙邊際的黑洞。

電影《三個傻瓜》去念的印度理工學院，比麻省理工學院還難考，印度網路婚友市場之巨大，風俗民情之複雜，對土生土長的軟體開發天才來說，無疑是創業天堂。

我在午休時間，奶茶配八卦，聽著女同事們分享婚友網站心得，茫茫網海，勢在必得，非結不可，良人還沒找到，結婚日子已決，場地已定，竟似赴戰場般的義無反顧。

首先，母語、種性、宗教要相同，絕對沒得商量，不然必鬧家庭革命。再來，工作前景、地緣關係、教育程度也要來回斟酌。當然，命盤占卜也不可馬虎。

外表不重要絕對是騙人的，每家照相館都會幫忙拍「相親照」。畢竟，結婚前雙方就只看過照片，見過幾次面。

網頁介面簡直就像打怪遊戲各種角色扮演（ROLE PLAY）的戰鬥指數表，還列出星等評比，長春藤畢業，在Google工作的印裔美籍工程師，自然打遍天下無敵手。

不過經過雙方擇偶條件交叉比對和速配指數預測，通常會剔除條件懸殊的對象，如此地緣社經條件篩選下，有時不免找到自己人，必須確認坐在電腦另一端的是不是小時候玩在一起的表哥。

經過幾次全家出動的正式相親，S終於找到Mr. RIGHT。爲了慶祝一生最重要的獵人頭任務圓滿成功，訂下婚約後，S叫了香料雞肉飯外送到公司請同事，接下來要忙的婚禮繁文複節，比香料雞肉飯裡的胡椒粒還多。

S訂了婚後才開始和未婚夫約會，帶著我這個電燈泡跳舞喝酒。結婚時，她擔任低階公職的好爸爸花了幾十萬盧比辦婚禮，我帶了一條喀什米爾披肩當禮物赴約。

S的家鄉克拉拉省位於西南沿海，自古就是香料產地，葡萄牙海上香料之路的起點，荷蘭也曾聞香而至，英屬東印度公司成排的香料倉房，至今佇立在椰子樹下。

香料曾貴如黃金，小豆蔻、肉豆蔻、南薑、胡椒、丁香，辛辣撲鼻一路飄香至歐洲王公貴族的筵席上，對香料的無底胃口，讓歐洲人揚起了遠行的船帆，乘風破浪，推動歷史之輪，塑造了如今我們生活其中的世界。

一入新娘房，簡直睜不開眼，S的姊姊和媽媽花了二十分鐘幫忙把金飾戴上，手鍊項鍊耳環鼻環額飾，手鐲一支套一支從手腕戴到手肘，叮叮噹噹。珠寶箱分成好幾個抽屜，一格空了，拉出另一格，又是金光燦爛，各色戒指。印度婚

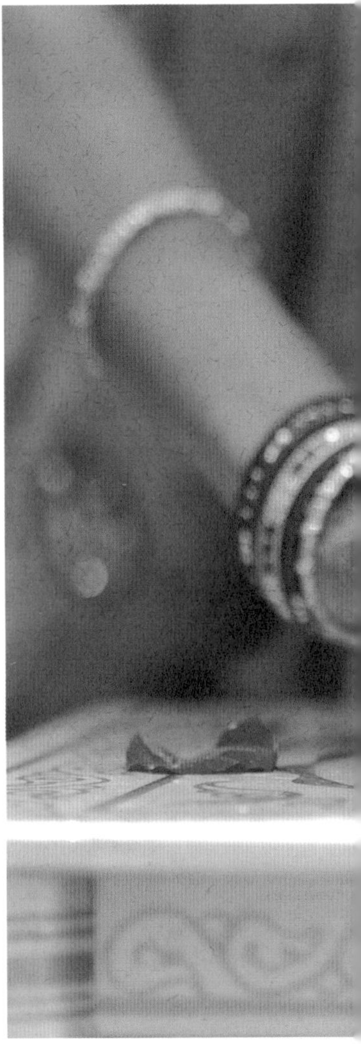

大多數的印度女人，被視為沒有謀生的能力，出嫁時必備的豐厚嫁妝，使得女孩們一出生便被視為賠錢貨，手腳上被父母掛上越沉重的金飾，是祝福，也是枷鎖。

季影響國際金價走勢，新娘金飾比新娘還引人注目。

S是大學畢業的白領上班族，小家碧玉，一身金飾仍重得她邁不開步，這還不是歌舞宴樂數夜的豪門婚禮呢。中產家庭的最小偏憐女，爸媽想必自她出生就開始存錢了。

在婚禮如同孔雀開屏似穿金戴銀，除了愛美天性，還有著「看哪！我家人多重我愛我！我是好人家的女兒」的示威作用，紅樓夢裡王熙鳳和老公吵嘴時不也說：「把太太和我的嫁妝細看看，比一比，我們哪一樣是配不上你們的？」華人新娘「滿城盡戴黃金甲」以自保，抵禦著夫家「上上下下都是一雙富貴眼睛」的壓力。

父權宰制下，女命如浮游，婚姻制度建立在兩個家庭的互利共生，原本和契合呀，愛呀，靈魂伴侶呀，八竿子打不著關係，「爲愛結合」是現代社會的產物。

在印度教說女人的救贖是匐匍於丈夫腳前，不婚是背德、瀆神的。

在古老的次大陸，數千年來燃燒著吞噬死男人和活女人的熊熊火焰，傳說，寡婦殉葬可爲自己和亡夫爭得衆神護佑的極樂榮光。

印度明令禁止將寡婦燒死，也不過是一百多年前的事。死去丈夫的女人，尚且不值得活著，遑論離婚？

因爲，婚姻代表一個女人安身立命的社經網絡，千絲萬縷。

過度強調婚姻，是不是因爲這個社會唯一的安全網就是家庭呢？家庭負擔著在富裕國家能「外包」給老人院、托兒所、醫院、社福機構等的照護工作，濟弱扶傾謀生養老送死，一旦跌出家庭防線，就只能和賤民比居。

一個社會若越富有，福利若越完備，越不若以往必須把每個人收編到婚姻制度下，北歐人就算不婚，仍老有所終，幼有所長。

若有朝一日，印度負擔得起北歐的社會福利，女人面對婚姻會不會坦然多了呢？不結婚也可以好好照顧自己，結婚純粹是「想和他一起生活」，起碼沒有溺水之人抓住稻草般的迫切？

素食婚宴總舖師揮汗把各色乾燥香料放在乾盤上烘烤、研磨，混合後在酥油裡拌炒，逐一加入新鮮的蒜泥蔥末薑末炒成糊，然後加入番茄或優格，當地菜的特色是加入椰奶，甚至甜蜜的椰棗。磨刀霍霍，鍋碗鏗鏘，像大敵當前的擺陣布署。

印度習慣分食，慶典時每人面前一張芭蕉葉當盤子，一個伙計負責一道菜飛快地盛到葉子上，簡直滿場飛，吃完後葉子一丟，桌子一抹，又可請下一輪客人入座，翻桌率極佳。這「福特生產線」是宴請五百位客人最有效率的方式。婚宴上S的媽媽焚燒香料油膏歡迎女婿，香煙裊裊，喃喃祝禱女兒的終身幸福，婆羅門祭司肅然唱起古老的祭歌，藉著祭壇上的聖火將馨香直傳天庭，四處瀰漫卻虛無飄渺，香料自古就帶著溝通人鬼神靈的神秘。

S的額上點著已婚婦女的硃砂坐上迎親禮車遠去，像她的奶奶媽媽一樣，將用她的香料盒下廚、調理新家庭的餐桌菜色。日前收到她的FACEBOOK訊息，昭告愛女誕生。

巴拿馬餐桌

船長！請你乾一杯，讓我搭便船

被稱爲「世界十字路口」的巴拿馬是航運四通八達的海洋國家，運河截斷南北美洲大陸。巴拿馬和哥倫比亞雖有陸地相連，但游擊隊盤據，車輛無法通行。這下，一路搭巴士南下的我卡住了。

巴拿馬沒有客輪到南美洲，只有貨輪和私人遊艇。貨輪龍蛇混雜，單身女子和成群水手擠在一起，除了愚蠢，實在沒有別的形容詞。

私人遊艇通常有三張帆，人工升降，獨自駕駛相當吃力，船長需要人手幫忙。因此，若背包客願意提供金錢或勞務，想搭便船是可能的，但運氣、努力、時間缺一不可。

私人船隻不像飛機按表操課，沒有時間耐心等的話，還是乖乖買飛機票走人；船隻來來去去，是否能遇到「對的人」駕著「對的船」前往「對的地方」，完全靠運氣。

對船長來說，船就等於自己的房子，空間狹小，沒事讓討厭鬼上船，絕對是搬石頭砸自己的腳，總不能大海茫茫之中踢他下船吧？

因此，善用社交手腕給船長留下好印象，就是八仙過海，各顯神通了。

我和一對德國情侶H和M，連日去巴拿馬市港口旁的帆船俱樂部探消息。小倆口高中剛畢業，打工存足旅費，自加拿大到巴拿馬，已經旅行了五個月，發誓絕不坐飛機。

歐洲自古就有 Grand Tour 壯遊的旅行傳統，雲遊四海的這一年，叫做 Gap Year，可說是轉大人的成年禮。

我們在留言版上張貼自己的資料，坐著水上計程車挨家挨戶地敲每艘船的門，一大早趕著船長聽廣播交換情報的時間，死皮賴臉在廣播間作尋船啟事。

太陽像融化的鐵，在海面上波光閃耀，成群海鷗停在船帆上，海風吹來嘈雜鷗鳴和濕黏鹹味。

太陽曬得我們眼冒金星，口乾舌燥。「先來杯清涼的冰啤酒吧。」H說。

德國人喝啤酒簡直就像喝開水一樣，我們索性待在港口酒吧和船長們喝酒搏感情。金黃澄澈的淡啤酒源自H和M的故鄉巴伐利亞，新世界的淡啤酒基本上都是德國移民帶來的口味。H一邊喝，一邊大嘆啤酒杯鑲不上啤酒泡沫花邊，不是上等貨色。M則懷念起慕尼黑啤酒節。

藉由酒精來爲社交破冰，可不是現代人的專利。人類幾十萬年演化之路，啤酒從來不曾出現在天然菜單上，一直到新石器時代的老祖宗們偶然發現這天賜美釀，人體對醺然醉態的魅力簡直毫無抵抗力可言，「液體麵包」從此變成心頭好物。

啤酒可說是最古老的酒精飲料。甚至有考古學家指出，啤酒是促使人類從遊獵採集轉變爲定耕的重要趨力。

CARNAVAL
2003
KODEN

遊獵採集民族有強烈領域性，為了結盟籠絡其他氏族，常大宴賓客來廣布人脈，於是開始種植穀物發酵釀酒，好保證有足夠啤酒存量來灌醉所有賓客，塡飽肚子的麵包竟然只是副產品。

啤酒不是名詞，而是連接詞。在酒精的催化下，卸下心防，酒酣耳熱之際，大家成了一家人。

幾杯黃湯下肚，你乾一杯我敬一杯，放下戒心，把酒言歡，用酒精灌溉社交活動，跟新見面的好朋友肝膽相照，一起退敵或泡妞，默契盡在不言中。

白天身上帶有威士忌酒味是會被輕視的，啤酒卻能無限暢飲。啤酒是一種情境飲料，西方人喝啤酒歡聚一堂，就像台灣人圍著麻辣鍋大嚼一樣天經地義。

如同在監獄，香菸可當成貨幣流通一樣，在某些地方，例如港口，啤酒甚至當成社交資本。

我們在酒吧 Happy Hour 遇到嬉皮風美國老船長，披肩灰髮，綁著頭巾，夾克、牛仔褲，深褐色的皮膚，風霜滿臉，精神奕奕，後頭跟著一隻友善的大黑狗，老船長和氣地指示我們要怎麼找船。

一瓶 Cerveza Balboa 可以換珍貴的資訊——聽說，那個早上剛到的英國船長會去阿根廷。

一罐 Atlas 能帶來友善的口碑——你們看來都是好孩子，我幫你們問問好了。

啤酒配八卦，我們像小孩聽辛巴達航海記一樣分享了各路人馬的故事。一名女船長泣訴在阿拉斯加痛失愛貓，在甲板上曬太陽睡得呼嚕響的貓咪，突被巨大猛禽劫掠而去；渾身刺青的船員講在麻六甲海峽要如何避開攔路海盜，他長途航行後上了陸地，習慣海上波濤的身體竟不斷左右晃動。

航海固然帶著四海爲家的漂泊感，但只要看精品廣告中名表常與帆船一同入鏡，就知道私人帆船幾乎是富人昂貴的大玩具，海上的 BMW。就像養純種賽馬一樣，屬於有閒有錢有知識的階級。

幾杯 Cerveza Panamá 後，法國船員 J 還慷慨地把我們三人帶到他船上參觀。

J 任職的公司，只服務那富貴至極的「百分之一」，將私人豪華遊艇從摩納哥駕駛到巴哈馬，從大堡礁到迦納利，好讓世界富豪們輕鬆搭私人噴射機前來渡假。

遊艇上有三間套房，廚房、餐廳、陽台，設備摩登，空間寬闊，出入不用低頭，裝潢不輸精緻 VILLA，原木地板，淡水游泳池，低溫葡萄酒窖一應俱全。

若愛馬仕公司除了柏金包外，也生產遊艇，應該就像這個樣子。

勇氣總是來自於無知，我幾乎艷羨起來：「這眞是全世界最好的工作！眞不敢相信有人付錢給你！環遊四海，以那麼闊氣的船爲家。」

J 臉上閃過「你懂什麼」的表情：「你們完全不懂航海是怎麼回事，這時的海況，狂風吹拂海面，就像寡婦拿刀刮著殺夫仇人的臉皮。」還眨眨眼：「你那麼喜歡這艘船的話，今晚一個人來，我們可以開瓶酒。」

「不了，謝謝，我還要和朋友找船……」嗯，我雖不是什麼美女，但也不是第一次在江湖上行走，法國人根本不用酒精鼓勵，就一個個以大情聖自居了。

連著幾天沒有收穫，灰心得很，在我的堅持之下，最後一次坐水上計程車做「家庭訪問」，看看有沒有剛到達的船計畫去南美。

聽到大黑狗汪汪叫，老船長在他船上，看我們天天來，下了決定似地說：「我打算去厄瓜多把船賣掉退休，可以載你們一程。你們要自己準備食物，還得分擔船上的工作。」

「Wunderbar（不可思議），太棒了！」H和M兩人高興地抱在一起，這種學航海的機會可不會從天上掉下來。

船長說：「你們確定要來囉，沒有『如果』或『可是』了？」我感情充沛地朗誦惠特曼的詩：「Oh, Captain! My Captain!」雙手高舉，做了一個崇拜的手勢：「他們當然要去，你是夢寐以求的Dream man！」逗得老船長哈哈大笑！

M問：「你不打算來嗎？」我語帶保留：「當然想呀……但我不知道厄瓜多的簽證，在巴拿馬臨時辦不辦得下來。」

厄瓜多大使館簽證處澆了我一大桶冷水：「小姐，本使館只服務巴拿馬公民和居民，您兩者都不是，無法受理。」不知這是客氣的拒絕還是眞話。

大學同學的爸爸任職厄瓜多外交部，回信同樣令我喪氣：「因爲中共壓力，本國不承認台灣護照，而中國偷渡客風評太差，萬萬不可貿然搭船去，被當成偷渡妓女不是好玩的。待我再問問。」

我失望地回信：「船無法等我一個人那麼久，每天停在港口都是開銷，船長希望可以盡早出發。」

H不解道：「簽證怎麼會下不來呢？不就蓋個章就好了嗎？」我心中暗苦，簡直要尖叫：「台灣護照不像歐盟護照一樣好用！你八成一輩子沒申請過簽證。」

老船長沉吟道：「你在我船上工作，就是我的船員，通常船員不適用一般的簽證規定。」我好似看到一絲希望，老船長接著說：「你們三個今晚都睡我船上，我明早一起去打聽看看。」

當晚，大家待在船上，船長架了吊床，風太大，怕被搖到水裡去，改睡船尾的網上，望著大橋海景和星空入眠，睡夢中仍是搖搖晃晃的。

老船長出身軍旅，會開潛水艇、坦克車、直升機和戰鬥機，雖是武人，說話引經據典，見多識廣，簡直就像藍波加上海明威，我們三人紛紛鼓吹他寫回憶錄，投票後決定書名是《老人與第一滴血》。

「我覺得你有讓萬事順利的特質，讓別人想幫你完成一些事情。」老船長特地穿上唯一的襯衫，拎著我去海運局和大使館。我受寵若驚：「這眞是我一輩子聽到最好的讚美。但簽證核發完全由不得我。」

無奈面對官僚，還是愛莫能助。

才剛慶幸啤酒讓我的處女航有了眉目，就被官樣文章給深深沉入馬里亞那海溝。用台灣護照申請簽證的作業程序，簡直比百慕達三角洲還神秘。

看我坐在船尾望著湛藍大海發呆，他說：「別看起來像被轟炸過一樣。如果你想當 linehandler（拉繩手），我介紹另一個船長給你認識。」從太平洋横渡大西洋，船經過巴拿馬運河時，需要在船上拉繩子固定船身的拉繩手，這也算溫情十足的安慰獎了。

在俱樂部遇到兩個英國背包客，幾天來也和我們一樣在找船，他們沒有我的運氣，我卻沒有他們的護照，於是他們取代了我在老船長船上的位置，兩人覺得很過意不去，堅持請我吃熱狗和啤酒。

回旅館遇到H和M，兩人買了一朵燦爛無比的向日葵送我，又驚又喜，八成是我曾開玩笑說台灣男生只會幫忙修電腦，不會送女生花的緣故。

萍水相逢，大家都是有良心的人。

歐美日本背包客，一本護照走遍天下，自由自在，實在叫我眼紅不已。當晚在青年旅館流傳的最好笑的笑話，就是我逼問衆酒友要不要娶我。

兩天後，在無數杯啤酒的歡送下，他們乘風破浪前往厄瓜多，我仍卡在巴拿馬市喝悶酒。

峇里島餐桌

沙嗲雞肉串燒和鬥雞賭徒

早上七點一刻，峇里島才剛剛甦醒，W領著我穿梭在一畦畦青翠的梯田裡，碧綠秧苗上掛著露珠水滴，映得陽光閃閃發亮。靜謐晨光中，彷彿聽得到四周棕櫚樹、椰子樹、香蕉樹、露兜樹，還有各種香料草藥行光合作用的聲音，天上雲影倒映在水田裡。

作爲峇里島文化根基的梯田，分工纖細綿密，有點類似古代的保甲制度，稻穀女神石像旁的大榕樹亭亭如蓋。我們坐著休息，邊用刀子把椰子劈開解渴。

一個當地婦女守在樹下，好像苦等某人，盯著我的臉迷惑了一會兒，傾耳聽我和W的英文對話後，彷彿確定了什麼事，下決心迎了上來，開門見山：「你，給我藥。」

我一頭霧水：「藥？」

中年婦女說：「請，藥，拜託。」

我：「我沒有藥呀。」若是綠油精，我倒是有一瓶。

她越加堅定，只剩下單字強調語氣，神情悲苦：「藥。」

我大驚，解釋道：「我又不是醫生，怎麼能給你藥呢？」

W趕過來和那位太太用峇里島語聊了一下，難得嚴肅了起來。

在我盯著椰子樹梢上無名的鳥兒早起吃了六隻蟲後，W終於結束了叨叨絮絮的諮詢。

「她說，村里的祈禱師要她今天一早等在這裡，請第一個外人給她藥，好治療她的先生。」

祈禱師？巫醫？民俗治療師？我腦中頓時出現一個披頭散髮的老人，拄著拐杖圍著火念咒語的畫面。

聽W說，在峇里島醫療並不普及，而且非常昂貴。島民通常負擔不起醫藥費，同時也覺得小病小痛小傷，請治療師抓幾帖草藥就可以了。

不論哪個文化，人類集體潛意識中，巫和醫都不曾分家。治療肉體的病痛，撫慰心靈的創傷，其實是神的手才可施展的大能。

在這個擠滿渡假VILLA、水療SPA和國際觀光客的小島上，古老的神明依然活靈活現，享用人間的香火。

峇里島被稱爲「衆神之島」，每個村落和家庭的日常運作，完全都以祭祀爲中心：虔誠頂禮小至一天三次，隆重的拜拜大則數年一次，島民敬畏崇拜著看不見摸不著、但確實占有一席之地的鬼神。

這就像每月初一、十五（或初二、十六）台灣人提著水果餅乾，去拜大榕樹下的土地公一樣。

我猜這位太太跟我索藥，應該跟乩童靈媒要信徒喝香灰符水、香神桌木屑差不多。我突然想到：「給幾顆綜合維他命怎樣？」在旅館的背包裡，有一瓶維他命。

W見怪不怪，附近兜來轉去，指著一棵特別矮的椰子樹：「不用那麼麻煩啦，不然，你摘顆椰子給她。」

W和中年婦人七手八腳移來矮梯，架在椰子樹上，確定我不會傻傻割到手後，才把刀塞在我手裡，趕鴨子上架似的要我爬椰子樹，兩人則在下面扶穩梯子。刀很鈍，我站在矮梯上，來來回回割不斷椰子蒂，想起在國家地理頻道看過受過摘椰工人訓練的泰國猴子旋轉椰子，把刀子丟下地，猴模猴樣地將割不斷的椰子，也朝單一方向旋轉起來，椰子終於落地。

我把椰子親手交給那位太太，她看到我剛剛一番折騰，不知是太感激還是太感慨，留下幾滴眼淚。

我不禁同情了起來，椰子即使沒有藥效，當作安慰劑也是好的。心靈會帶領身體，你眞心相信你會康復，活下去的機會總是大多了。

中年婦女喜孜孜捧著椰子，堅持領我們去她家坐坐，我邊走邊悄聲問W：「她先生到底是什麼病呀？」

W揚起眉毛，卻嘆了一口氣：「全峇里島男人都會得的病。」

我說：「嗯……劈腿養小三嗎……？」

W噗嗤一聲，放聲大笑了起來：「你去她家就看到了，應該都養在家裡。」

我心裡嘖嘖稱奇：「眞的假的？竟然把小三養在家裡！」

走入雞犬相聞的村落裡，傳統的矮房子掩映在草木扶疏的綠意裡，公雞的啼聲特別響亮。

後院的雞，非池中之物，毛色光亮，雞喙銳利，踏步穩健，並不像其他的雞會神經質地亂叫，英氣勃勃，簡直可去華山論劍。

她端來飲料，示意我們坐在涼亭

雞似乎是每戶峇里島家庭必備的牲畜，尤其對男人來說，雞更象徵了社會地位和娛樂價值。

邊吹風，轉身回到廚房張羅，傳來一陣辛香料味，我讀著招牌上我唯一看得懂的單字「SATE AYAM」（雞肉沙嗲），原來她是沙嗲燒烤店的老闆娘。

W努努嘴：「這些雞可不是養來吃的。牠們是鬥雞，可珍貴了。」那位賣沙嗲的太太，就是爲了這「全峇里島的男人都會犯的錯」，焚香膜拜，通靈扶乩。

「生活是一張意義之網，我們稱之爲文化。」即使在最貧窮的草屋中，都有一支破舊的盆或碗，盛滿清水，漂浮著精心排列的各色花瓣，峇里島人個個愛甜食，好拈花，喜惹草，將生活中的香味和色彩都獻給神靈。

這裡農忙之餘，在耳邊簪朵嫣紅的燈籠花，就是畫畫、雕刻、排練歌舞。人人都是藝術家，又或者根本沒有任何藝術家。世間所有的美，都源自於天地，也還諸於天地。

人類創作藝術的源頭，不是爲了陳列在美術館裡，而是渴望和神秘的無上力量溝通，好在茫茫塵世中感到不孤單。

每棟家屋就是一個與天地和諧的宇宙，就連院子裡的鮮花美草，主要也是爲了隨時祭祀神明而栽種。

W：「老闆娘說，一定要請我們吃點東西。在飯菜準備好之前，我們先在村落四處逛逛，待會兒再回來。」

一直覺得當峇里島男人比台灣男人幸福太多，在台灣男人要養家活口，偶爾得閒看看政論節目開罵；在峇里島，男人連「在大樹腳用一張嘴幹譙政府」（吳念眞語）都覺得太沉重，他們只是鬥雞、演奏甘美朗、放放風筝。無事忙，就是一日悠閒。

當然這是錯覺，峇里島男人大清早摸黑下田時，觀光客還在睡覺呢。他們也包辦司機、嚮導等旅遊業的工作。

村子靜悄悄地，不太見路人蹤影，聽說這幾天是村子慶典，男人全聚在廟旁的鬥雞場裡，女人則忙著在自家廚房準備禮儀繁瑣的傳統供品，昏天暗地。

我們沿著泥濘小路，遠遠見到幾個男人將一隻隻染色的鬥雞裝在竹籠裡，背在肩上，跟著掉落的雞毛走，就找到了鬥雞場。除了我和W，這是個純粹的男性俱樂部，空氣中瀰漫著濃濃汗臭和破表的睪丸酮素。

寬容的峇里島人早就習慣不論做什麼，都有好奇的觀光客探頭探腦，不看門道看熱鬧，W拉著我挨著場邊坐下。

根據當地的宗教觀，鬥雞拚死一戰而流的滿地鮮血，能淨化土壤，取悅神靈，算是祭典供奉最重要的一環，因此祭典期間，鬥雞比賽頂著神聖光環，得到比平常更大的容忍。

人作爲理性動物，眞是占盡天下便宜，不管想做、或是不想做某件事，總可以說得頭頭是道。

養雞能將人類不能食用的稻殼昆蟲，高效率轉換成珍貴的蛋肉，是故自古每個文化都不排斥雞。在野外，公雞天性本來就會爲了生存領域或交配權，怒目相視，爪子嘴喙並用，務必把對手的雞冠狠狠咬下，鮮血淋漓。

鬥雞是人類文明最古老的競技比賽，總牽扯到鉅額賭金，動搖經濟。因此除了村子寺廟旁光明正大的鬥雞場以外，整個島上的山野或偏僻小巷裡，都掩護著非法鬥雞場，逃避警察的取締。

人類學家季爾茨在峇里島研究鬥雞時，作爲初來乍到的陌生白人，原本孤伶伶沒人搭理，某次警察突襲取締違法鬥雞場後，嚇得不由自主地跟著村民逃竄，雞毛滿天飛。從此和當地社群建立了「革命情感」，踏上一代學術宗師的青雲之路。

「鬥雞不只是遊戲，而是深層的、具有人類文明結構共通性的縮影……」（對我而言）詰屈聱牙的學術論文，影響了往後數十年，一雙雙陌生好奇的眼睛，注視峇里島鬥雞的角度。

我聽不懂廣播在喊什麼，只覺語氣越來越高昂，兩隻鬥雞一上場，捉對廝殺，就像來到羅馬競技場的奴隸格鬥士，視死如歸，後爪裝上銳利的刀片，殺氣騰騰，拍著翅膀在空中飛踢，滿天羽毛亂飛，賭客一個個激動得從硬板凳上站起身來，喧嘩叫囂，咬牙切齒暴青筋，各自爲自己壓寶的雞加油。

短短數十秒間，生死立判。勝者雄糾糾地被主人帶下場慰勞梳洗一番，輸家軟綿綿的屍身則被撿入滲著血水的痲袋裡。

鈔票揚在手中，大聲唱著賠率比數，有些人笑開懷，有些人僵著一張臉，還有小販叫賣零食飲料。不知中間是否穿插工商服務呢？

心理學指出，消費社會中的車子對男人來說，可說是「男性雄風」的延伸，全新義大利手工皮椅的味道，比求偶的費落蒙還要令人亢奮。而擁有冠軍鬥雞

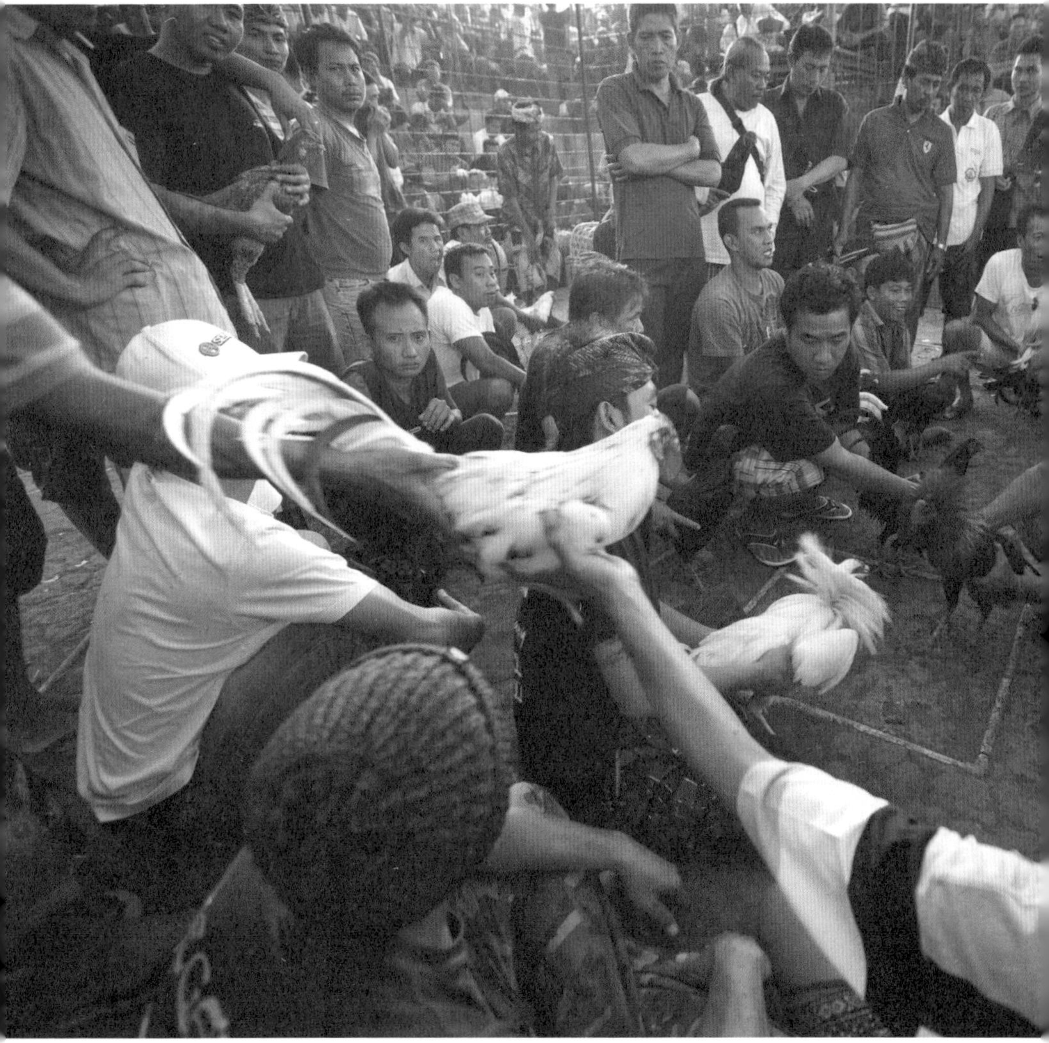

鬥雞場上，男人押下全副身家的賭注廝殺，真正賭的，恐怕不是雞，而是孤注一擲的男性尊嚴。

的峇里島男人，就像開著一台拉風的法拉利，全新的保時捷，驕其衆人，呼嘯而過。

更別提鬥雞與男性生殖器的聯想了，勝利的狂喜，刺激了腎上腺素分泌，比整箱的威而剛還管用。

媲美足球棒球的運動狂熱，加上六合彩般的金錢飢渴，乘以投射了身分地位的男性自尊，峇里島男性只要一屆成年，或多或少就會染上「鬥雞瘟疫」，不過著迷程度高低罷了。

女人煮飯，哺餵小孩，沒米下鍋的恐懼，比什麼面子尊嚴都眞切。鬥雞走狗的彩金，可以輕易高達數月、甚至數年的家庭收入。

就算不具備一隻雞的智商也能聯想到，我們周遭這些大方下注的男人家裡，一定都有哭哭啼啼、求神問卜的無助妻子，在丈夫滿腦狂熱的夢想泡泡中，艱辛地維持生活的現實感。

理所當然，越是如此陽剛的社交活動，男人越不可能拉下顏面跟雞友同好囁嚅道：「嗯……那個……我今天不能去鬥雞了，我老婆不准。」

我猜這個改邪歸正的丈夫，說不定會被此道中人譏嘲「乾綱不振」，奚落個半死：「那好吧，你把雞帶回去，說不定可在你太太床上幫你的忙。」

當一個女人長年承受隨時被迫賣祖地家屋，去填無底錢坑的壓力時，不知會不會抓起狂來，衝到鬥雞場大鬧，狠狠揪著老公的耳朵拎回家跪算盤呢？

不管在哪裡，女人抱怨男人的事總是差不多。不管家中男人有沒有肩膀，女人爲母則強，扛起現實生活中的柴米油鹽醬醋茶。

就像拉斯維加斯賭城裡所有殺紅了眼的賭徒一樣：贏了，還想再贏。賭資像滾雪球一樣，越來越驚人；而輸了就急急切切當表、脫褲子來翻本。

我傻想，這些做太太的，到底希望先生的鬥雞連戰連勝呢，免得所有家當都賭得一乾二淨。還是乾脆輸了一屁股，打落谷底，徹底死心。

俗話說得好：「要峇里島男人不鬥雞，就像要太陽不升起一樣。」在這人兒溫柔，花草芬芳的天堂島嶼，打老婆的家庭暴力往往由鬥雞而起，變賣財產、抑鬱離世的老人膝下，多半有個鬥雞迷啃老族。

慢慢走回到小店的路上，離轟然的歡呼聲或叫罵聲越來越遠，在小雜貨店買了點餅乾糖果，老闆娘最小的女兒等著我們回來，迎上前，我順手把甜食遞給了她。

她的母親把雞肉攪碎，用各色辛香料拌勻，醬料醃製，把肉攪拌出黏性，然後用雙手塑型在細甘蔗或香茅梗上，成爲一支支肉條，放到炭火上去烤，旋轉間，肉汁滴入炭火，焦香撲鼻。

配上花生沾醬，米飯，將成串沙嗲盛在碧綠的香蕉葉上，幾片菜蔬，旁邊裝飾了幾朵黃白相間的雞蛋花。

在台灣，長輩每吃到結實的放山雞，都會點頭讚嘆一番這隻雞生前的體力活動，才有那麼豐富彈牙的鮮美口感，絕不是養雞場的飼料雞可比。

這麼說來，鬥雞自小到大，養尊處優，挑精揀細，主人像侍奉小皇帝般悉心照顧按摩，執行比奧運選手還周詳的魔鬼訓練計畫，豈不是人間美味？

根據傳統，贏家可以將輸家壯烈戰死沙場的雞帶回家當晚餐，所以，每當手中那串沙嗲特別有咬勁時，我嘴裡忙著咀嚼，卻忍不住好奇起來：「當老公帶著手下敗將凱旋回家，老闆娘如法炮製別人家的鬥雞時，會是什麼心情呢？」

我邊和W搶食燒燙燙、香噴噴的沙嗲，嘴裡還含糊不清地問：「我摘的那顆椰子，到底會用來供神作法呢？取椰漿、椰肉入菜呢？哄老公喝椰子水解渴呢？還是……」

W很有默契接了下去：「還是……乾脆砸碎在殺千刀賭鬼的腦殼上呢？」

哥倫比亞餐桌

香蕉的百年孤寂嘉年華

據說拉丁美洲文學的孤寂感，來自外人不懂得作者筆下詭異驚奇的魔幻，其實就是當地人希鬆平常的現實。哥倫比亞作家馬奎思說他的作品每一行字，都有事實基礎，他只是記錄一切的旁觀者，從來沒創作出什麼。

這位諾貝爾獎文學獎得主的無比謙遜，引起了我的好奇，於是，我來了。

加勒比海沿岸的孤寂如此千姿百態，我告別了殖民古城卡達赫娜，前往聖塔馬爾他鎮歇腳，蓄積精力，打算去巴蘭奇亞市參加一年一度的嘉年華盛會。

打定主意認眞發懶，首先就是叫一客淋滿蜂蜜奶油的香蕉煎餅，撒滿肉桂和椰肉，再吩咐果汁小攤打一杯香蕉綜合果汁，馥郁香濃到簡直……嗯……不道德。

「香蕉煎餅」幾乎被孤星旅遊書評定爲背包客的國民食物。不管天涯海角哪個處女地，只要背包客一入侵，低廉的小旅社馬上遍地開花。安頓了懶洋洋曬太陽的流浪者，最原始簡單的菜單上，一定有香蕉煎餅。

煎餅的製作快速方便，只要有一袋麵粉和兩串香蕉，即可餵飽來自五湖四海的嘴，可說是廣受歡迎的大衆口味，沒人不捧場。

聽著海潮在椰子樹下睡飽了，養足精神，我懶洋洋地從沙灘起身，忍不住參加了一個從聖塔馬爾他前往失落原住民考古遺址的健行團。

嚮導D是附近香蕉園的工頭，工作服沾滿難洗的香蕉汁液，手上有數道被鐮刀劃過的舊疤，年過中年，褐膚黑髮，細眼和鷹勾鼻明明白白表示他的印第安混血，永遠戴著一頂巴拿馬帽。

他活像馬奎斯筆下命運古怪的小人物，如泥土一樣眞實：吸收一切，接受一切，承受一切，連眼皮也不抬一下，理所當然承受所有人生所有的荒謬。

他的小兒子延續拉丁美洲父子同名的傳統，也叫做D，還殘留著年輕雄性動物的活潑。父子倆趁著嘉年華慶典放假期間，帶觀光客上山賺外快。我們叫大D和小D以示分別。

聖塔馬爾他氣候溫和，雨水充足，盛產香蕉，主要外銷歐美，簡直是香蕉的代名詞，午後雷陣雨後，我們越往山上走，俯瞰腳下濕漉漉的香蕉園，蕉葉如浪，迎風搖擺，綿延成無邊無際的綠色熱帶海洋，襯著碧藍的加勒比海，汗溼上衣，黏答答地貼在身體上，海風吹拂著炙熱溽氣，彷彿可以隔空擰出水來。

平價的香蕉是溫帶國家的人民最熟悉喜愛的熱帶水果，是媽媽一口一口哺餵嬰兒的泥狀離乳食品，或老奶奶不傷假牙的安全選擇，而在牙牙學語和齒牙動搖之間的漫漫數十寒暑，還有巨大到令人尖叫的香蕉船聖代、塗奶油淋蜂蜜的香蕉煎餅、浮著兩球冰淇淋的香蕉奶昔、自家烘焙的香蕉蛋糕。

香蕉是美國急速都市化的過程中，廣受歡迎的便利速食，不僅便宜、營養又方便，隨手可塞入學校午餐袋，切片又可加入早餐穀片牛奶裡，或健行騎車時匆匆吞一根快速充電。更別提巧克力和香蕉是多麼天造地設的一對了。

在挑夫的背囊中，放著幾串青香蕉，自產自銷，一路上慢慢熟成、慢慢消耗，背囊一見底，行程就走完了，香蕉兀自散發著花朵枯萎前傾力吐盡般的華麗腐香。

熟成香蕉的顏色有如黃金，礦產富饒的哥倫比亞就是流傳幾百年的冒險傳說中「黃金城」所在之地，但在鳥不生蛋的荒郊野嶺，眞正的黃金是大毒梟用安地斯山脈源源不絕的柯卡葉提煉出的古柯鹼。毒梟們想方設法走私毒品到美國和歐洲，就像殖民時代出口金銀，現在出口的則是咖啡和香蕉。

拉丁美洲教我的第一課，就是原來沒錢也可以興高采烈，桌上若有食物，就好好享用，明天自有明天的憂慮，今天不用掛心。

路邊樹下歇息時，小D念茲在茲吹噓他的嘉年華老虎面具花了多少工夫、多少披索才弄到。大D定時塞給每人一根香蕉，要我們補充體力。

不論和大D或小D閒聊什麼，最後都以「都是狗娘養的政府的錯！」或是「都是天殺的美國人的錯！」結尾，而我覺得眞他媽的有道理。

結實纍纍的香蕉對我這個台灣人來說司空見慣，但對來自溫帶國家的歐美同伴來說，香蕉幾乎就像椰子樹一般，散發著難以抵抗的異國風情，城市土包子

在《百年孤寂》所描述的香蕉大屠殺中，美國水果公司聯合官方對哥倫比亞罷工的蕉農發動大屠殺，事後卻宣稱，只死七人。小說控訴的美國，和倡導和平正義的美國，到底哪一個才是真的呢？

「吃過豬肉，但沒看過豬走路」的翻版就是「吃過香蕉，但沒看過香蕉樹」。

幾乎在世界任何一個市場，便宜的香蕉隨手可得，將一串香蕉放入購物車的美國主婦，和潮濕泥濘的蕉園裡栽種採收的哥倫比亞勞工，相隔千里，由跨國公司搭起橋樑，使出上帝才有的魔法，扭轉節令，奴役土地，綁架勞動力，讓地處溫帶的美國人隨時能吃到熱帶水果。

過去一個多世紀，美國農產品鉅子權勢熏天，鋪設公路、建築鐵路、開鑿港口運河、架設電線發送電報，建立巨大冷凍設備，甚至經營船隊航線，買通軍警，豢養殺手。

水果公司是跨國企業的開山祖師爺，今日我們習以為常的工廠化種植、配銷系統、冷凍運輸、化學催熟技術，都是當年將爲了香蕉送到美國人餐桌上，而做出的種種創新。

至今美國以經濟合作之名，掠奪壓榨第三世界國家，好讓美國人享有物美價廉的進口資源，也源自香蕉產業開的惡例。

從十九世紀末，趁著美國人愛上香蕉的消費熱潮，水果公司伸長八爪章魚般的觸手，日漸掌控拉丁美洲，干預政治，「山姆大叔的香蕉園」賺進滾滾財富，人見人愛的香蕉竟是征服掠奪、打下大好江山的武器。

國際政治學課本從此多了一個「香蕉共和國」的專有名詞，專指那些默許水果公司和美國政府爲所欲爲的拉丁美洲國家。

「香蕉共和國」的傀儡政權索性和水果公司、美國政府一個鼻孔出氣，公平的經濟政策無法發芽，社會動盪，政體脆弱，民主難以生根，貧困讓人絕望，只能毫無選擇的讓外資更進一步剝削。

水果公司強占土地，濫砍雨林，開闢蕉園，物種單一化造成生態浩劫，香蕉染上了莫名的病蟲害，貧困的工人爲了多賺點錢餬口，不穿防護，穿梭在巨大蕉園賣命噴灑藍色藥劑，藥吸入胸腔，黏在皮膚上洗不掉，整個人漸漸染成亮眼詭異的鮮藍色，日漸虛弱，他們被稱爲「藍色鸚哥」。

接著，就命歸西天了。

當美國消費者看著黑白默片裡的主角，踩到香蕉皮跌得狗吃屎的老梗，捧腹大笑的同時，鮮藍色的香蕉工人在地球的另一端，號哭著孤獨死去。

現代企業只爲了獲利而存在，金錢就是上帝，要讓最窮的美國人用口袋幾毛零錢也買得起香蕉，就絕對少不了用過即丟的賤命勞工，形成了「剝削、鎮壓、反抗」的無限迴圈。

只爲了生產一份月牙形狀的香甜，投入了無數人命當引擎燃料。那個過往年代的血香蕉，比血鑽石還驚悚。

馬奎斯的《百年孤寂》，將血淋淋的香蕉侵略史永遠記上一筆，書中的香蕉大屠殺就眞實發生在聖塔馬爾他鄰近的城鎮，不滿低劣待遇而大罷工的數千名香蕉工人連同父母妻兒，在廣場上遭到軍隊射殺。

「瞧我們自己惹來多大的麻煩」打了三十二次內戰的書中主角邦迪亞上校曾說。「只因爲我們請一位美國佬吃了幾根香蕉。」

香蕉大屠殺影響深遠，左右了哥倫比亞近代歷史的走向，滿地血泊中很快走出一位自由派青年律師，呼籲徹底調查眞相，沸騰民怨讓親美保守派倒台，自由派掌權親政。

他慷慨激昂的演講言猶在耳，就慘死在暗殺的子彈下，敵對政黨更加水火不容，長年骨牌效應加上惡性循環，哥倫比亞不但盛產黃金、綠寶石和選美皇后，直到今天也以綁架、謀殺和內戰舉世皆知。

販毒黑幫趁機控制廣大的鄉村山野，政府軍和反抗軍游擊勢力彼此消長，雙方都從豐厚的古柯鹼地下經濟分一杯羹，家園淪為戰場，村民在槍林彈雨、地雷遍布的威脅下尖叫逃竄，被迫流亡到大城市擦鞋度日。

在這陽光、海洋、熱帶蓊鬱之地，加勒比海沿岸搭建大如涼亭的草棚，根據古老的旅行傳統，不論是誰都有權力在此過夜，沒有人會被拒絕。

旅客將自己的編織吊床掛在梁柱上，比臨而眠，搖曳在五顏六色的吊床裡，像樹枝上掛著的蝶蛹，心清意靜入睡，一晌無夢。

草棚能遮陽擋雨，卻無比通風，吊床懸空隔絕了地上的濕氣和蛇蟲，隔天一早，各路人馬收拾吊床，機動方便，以天地為鋪蓋，何需床褥枕被？

那幾個啃香蕉走山路的白天和在吊床上搖著睡去的夜晚，時間彷彿在文明的盡頭打住，高科技的世界遠在平行宇宙的另一端。

隔天一早，遠遠看到攜老扶幼的一家人，三代同堂，驢子背上載滿家當，婦女背著嬰兒，籠子裡關著一隻英武的鬥雞，沿著蜿蜒山路向我們迎面走來。

大D臉色一沉，摘下帽子，走上前和一家之主低聲交頭接耳。我隱約聽到風吹來的幾個西班牙單字：「游擊隊，占領田地，古柯鹼……」

牽著驢子的老人形消骨立，彷彿亡魂，自言自語嘆氣：「我一身老骨頭不值錢，不想老遠折騰，但兒子可要養家活口呀……」

望著一家人遠去的背影，大D第一次說話完全不開玩笑，正色宣布：「前方封閉，原住民遺址去不得了。」

我們幾個窮到鬼都怕的外國背包客，其實沒什麼綁架的價值，老鼠尾巴上生瘡也沒膿，但如果撞見游擊隊從事非法勾當，擋了財路，一行人被殺害滅口未免也太過倒楣。

大D說：「不想遇到游擊隊的話，我們就必須繞道。多幾天路程。」

小D說：「什麼？那我們看不到大遊行了？」

我插嘴：「老天，保住性命比大遊行重要吧？」

小D和眾人齊聲回道：「喔，不，天主在上，大遊行比什麼都重要。」

甚至大D也附和同意。膽小如鼠的我抱著頭苦惱，心想：「這眞不是我該來的地方。」

大家嚴肅討論了後，爲了趕上大遊行，竟然決定切到另一條捷徑。草木茂密，地上濕軟，背囊裡熟透的香蕉飄出血腥的味道，大D和小D用開山刀砍出一條路，鳥獸蛇蟲的聲音遠去，大家默默無言，腦中盡是剛剛那家人眼中的悲涼淒迷，陷入一個疲乏機械的行軍狀態。

剛順利從山的這頭冒出來，肺中滿是魔鬼般的硫磺氣味，看到沼澤的盡頭，河床上面那些又白又大的石塊，有如史前時代怪獸的巨蛋。

小D招手要我們休息一下，搭起遮雨帳篷，席地而坐，我看著前方大D的背影越來越小，百般無聊，數起手中異色花卉的雄雌蕊數目，彷彿等了一百年。

大D好不容易回來時，身邊多了一個白衣長髮的印第安中年男子，牽著眼睛一樣漆黑的印第安小孩。

他是大D同父異母的哥哥，原來大D的爸爸是標準的「拉丁情人」，嗜好蒐集膚色深淺不一的情婦，照著私生子的年紀大小，可推算出年輕風流時的夜行路線。

印第安男子領著我們回到文明，聽到我們沒去成失落的原住民遺址，露出黃牙笑了笑：「那我帶你們去另一個。老地方，很近。」

他要我們放下所有行李背囊，領著一行人輕裝上切獸徑到半山腰，跋涉在茂密雨林間，彷佛芝麻開門般別有洞天，跳過巨石，抓著藤蔓攀上大樹遠眺，樹皮爬滿柔軟的青苔。

從樹頂俯瞰山另一邊的台地，千百年來原住民用扁平石片堆起無數圓形地基，上面原有的木製結構早已風化腐蝕，只剩大地隆起成千上百個幾何圖形，緜延不絕，這著魔似的奇景，就像外星人剛剛降臨地球。

山巔瀰漫著雲霧與死人刻骨的寂寞，卻流動著一股難以形容的生命氣息，幾乎安靜到轟然，耳中傳來無聲的喧嘩。

「這裡曾經是個多大的聚落呀？」「這個地方叫什麼？」「還有人居住嗎？那一族的？」大家興奮不已，問題此起彼落，嗡嗡作響，越來越大聲。我體力透支，精神恍惚間，聽到山谷迴盪著神秘的回音：「馬康多。」

下山後，問了通往大路的方向，我們比手畫腳道謝，大D留下吃剩的半簍香蕉當謝禮，印第安小孩坐在爸爸的肩上，剝著香蕉皮。

搭便車回到聖塔馬爾他，連沾滿泥濘的衣服都來不及換，巴蘭奇亞的大遊行就已蓄勢待發，原先預定的交通車久等不到我們，逕自離去。見我們頓時進退不得，小D自告奮勇帶我們去嘉年華，不論如何，他自己也去定了。

他攔住最後一班的公車，大力敲著鮮艷如求偶孔雀開屏的車門，向司機吼道：「好兄弟，幫幫忙，我們一定得去看嘉年華不可！」指著我們幾個強調：「他們可不是天天都在哥倫比亞。」

司機仰頭望了擠在車頂的乘客，像加泰隆尼亞智者般緩緩點頭，我們硬著頭皮擠上車，發現一車老少都披著熱帶金剛鸚鵡般的色彩，幾乎載歌載舞起來，我數了數，共有兩個小丑、三隻老虎、四個選美皇后和九個手風琴樂手。平常這裡的公車就亮麗醒目得不得了，隨時都可報名花車大遊行，這個一年一度的難得機會，更是洋溢著歡樂氣息。

公車沿著海岸線哮喘似地噴著黑煙，終於抛錨罷工以示抗議，乘客齊力將車推到路邊，好像吃香蕉一定會剝皮般的希鬆平常。敞著襯衫露出點胸膛的司機也不負責修車，和大家一起步行到最近的小村落，隨意點了一盤炸蕉片吃。

在哥倫比亞，香蕉不單做成甜點，另一種品種大蕉做成的炸蕉片還是填飽肚皮的正餐。大街小巷擺滿了油炸小攤，五顏六色的冷飲像閱兵一樣排排站。大蕉剝皮切厚片兩面煎熟，起鍋，以鍋鏟或盤子拍平壓扁，用蒜頭末和鹽調一小碗水，將大蕉片泡入調味，然後再煎一次。起鍋即可食用，酥脆鮮美，香醇濃郁，口感卻不希爛，一根山蕉就可飽人，是最在地的窮人美食。

飢腸轆轆，吃完炸山蕉片，好不容易攔了台合乘計程車，一台小小的車，塞了六個、七個、八個，喔不，加上小孩，總共十一個人。我一面暗暗祈禱計程車的輪子Hold住，千萬不要爆胎，一面讚嘆大家堆疊擠壓得快變形，仍然笑聲不斷。

雖然哥倫比亞坐擁豐美的人文自然資源，但昭彰惡名嚇跑大多數的國際觀光客，友善的村民對我們幾個外國人尤其好奇，以餵養希有動物的熱情，用各種零食把我們塞飽，於是不由分說地先吃了一肚子的炸山蕉片。

天主保佑，計程車很爭氣地「爬」到巴蘭奇亞市，已是滿坑滿谷的群眾和車輛，動彈不得，我們只好棄車步行，一探出頭看熱鬧，就被滿街的瘋狂人群噴水和撒麵粉。「喔，老天，全世界都來了。」

群眾大笑著把每個路人澆成白蒼蒼的落湯雞，我搶過街旁一個塑膠水桶，不甘示弱地淋濕了一個親手織壽衣的老姑婆，兩個賣彩券發財的中年男子，和三個拖著豬尾巴的小孩。

遊行花車繽紛奪目，川流不絕，我卻忙著把眼中的麵粉洗掉，一邊躲開幾個海盜巨大水槍的攻擊，空中彷彿有拉丁美女裹著白床單升空，成群黃蝴蝶飛舞，透明的冰塊在一月豔陽下熱得燙手。

一群打扮成吉普賽人的青年，皮膚油亮光華，俊美到需要戴面紗，噴著火柱，大鳴大放吹奏各種樂器，笛聲鼓聲鈴聲，震耳欲聾。

嘉年華是中世紀以來的古老傳統，天主教悲憫眾生偶爾渴望掙脫束縛的軟弱天性，規定一年有一次宣洩的機會，把裝瘋賣傻訂為重要的宗教活動，允許羔羊般馴良的信徒，在這幾天內將整個世界翻轉過來，縱欲狂歡，打破一切禮法規矩，事後才能再度以理智和貞節來虔誠侍奉上帝。

說得白話粗俗一點，帶著原罪而生的人類，藉上帝指引的光在千年黑暗中行走，聖灰星期三大齋戒日以前的這個派對週末，上帝發了免死金牌，舉凡打野砲性濫交、酗酒嗑藥、戲謔歌舞、狂飲暴食通通ＯＫ，讓平日憋個半死的教徒狠狠發洩個夠。

雨果將名作《鐘樓怪人》的場景，設定在黑暗時代尾聲的十五世紀，推選愚人皇帝的狂歡節，深淺不同的膚色，流著一樣的愚癡血液，不同顏色的眼睛，瞪視著同一齣嘈雜紛亂的劇碼，像詩一般的悲壯，也如詩一般的哀艷。

西班牙殖民帶來了天主教節慶，和拉丁美洲的人文風俗混雜出舉世聞名的熱情嘉年華，在這段時間，不分男女老幼齊聲歌唱跳舞，大地爲之震動。

拉丁美洲人是印地安原住民、西班牙殖民者、非洲黑奴的混血後代，在面具、油彩、化妝、音樂、舞蹈、酒精的醉人催化下，緩和了族群緊張。

不過，我傻想，肅穆端莊絕對不能用來形容哥倫比亞人的性情，這個國家的日常生活本來就已帶著過量的戲謔魔幻元素，還需要發源自中世紀的嘉年華來紓壓嗎？

天國的神聖光環淡去，現代社會少了令人謹守規範的宗教社群壓力，不怎麼需要調劑，反倒只有「大家一起玩樂」這點被發揚光大，就像聖誕精神只剩下血拚購物一樣。

巴蘭奇亞是拉丁天后夏奇拉的故鄉，電子聲光和震耳音樂將人的理智抽乾，萬頭鑽動，肆無忌憚地把啤酒、萊姆酒撒向載歌載舞的陌生人，然後大力慫恿對方一起乾了自己手中那瓶龍舌蘭。

路旁炸山蕉片的小販生意照顧不來，連他臉上也畫著油彩，踩著節奏。在此同時，年邁的邦迪亞上校還在後院枯萎的香蕉樹下，等著一封永遠不會來的信，走在塵土飛揚、凹凸不平的人生路上，百年就是一瞬，虛幻是那麼眞實，繁華竟如此寂寞。

秘魯餐桌

印加馬鈴薯遠征軍

從印加帝國首都庫斯科通往天空之城馬丘比丘的印加古道，曾是最神聖的朝聖之路，現在則是秘魯觀光業皇冠上閃閃發亮的鑽石，上面蜿蜒著來自全球的遊客，像一群進行恐怖任務的憤怒工蟻。

印加古道不對個人遊客開放，於是我不得不參加四天三夜的山區健行團，一切由旅行社打理，導遊負責娛樂講解，挑夫把餐廳帳和個人帳搭得穩穩妥妥，每天到營地，挑夫各據一角忙著用小刀削手上的馬鈴薯，我們只等開飯。

幾乎每餐都有不同的馬鈴薯端上桌。遊客吃，導遊也吃，挑夫更吃。現地生產，現地消費，便宜易煮，適口充腸，完全合乎邏輯。

南秘魯是馬鈴薯的故鄉，來到安地斯山才知道馬鈴薯那麼多采多姿，白紅橙紫棕黃，大小滋味各異，據說如果每天換吃不同種類的馬鈴薯，可以整整吃上一年不重複！

駱馬驢子等馱獸不得踏上養護困難的印加古道，行李食糧往來全靠挑夫，秘魯人像是方便擷取地力似的全長得短小精實，山間小路仍行走如風，如履平地。看著他們圍著熱氣氤瀰的湯鍋吃水煮馬鈴薯的景象，讓我聯想到梵谷色彩陰鬱的畫作「食薯者」，據說梵谷刻意把畫中貧農畫得像馬鈴薯一樣。

當地原住民千年來世世代代馴化培植馬鈴薯，因此這裡也是全世界馬鈴薯基因庫最豐富的地方。他們被陽光曬得棕黃，沾染泥土的草根味，拿著馬鈴薯的手像極了馬鈴薯，臉也像極了馬鈴薯，整個人簡直像剛剛從土裡挖出來似的質樸。

就像冰天雪地的愛斯基摩人有數十個字彙來形容雪，我猜秘魯原住民通用的蓋楚瓦語中，一定也有相當多字彙形容馬鈴薯才對。

來到秘魯才知道馬鈴薯有這麼多色多樣！而各國各種的馬鈴薯料理也讓人眼花撩亂，在餐桌上，總是拿馬鈴薯來開啓各種食物的話題。

西曆由耶穌基督降生分爲「西元前」與「西元後」，而在拉丁美洲的時間軸上，則以哥倫布發現新大陸爲分水嶺。

一九九二年，西班牙政府想大肆慶祝哥倫布發現新大陸五百週年，彰顯國威，拉丁美洲卻毫不顧前殖民宗主國的顏面，大開汽水，揚言美洲大陸自古就存在，不勞歐洲人來「發現」，眞的有膽辨活動就不要怕丟人，拉美各國一概缺席，以表抗議。

每次導遊講述印加帝國興亡史，同隊的西班牙人頭總是越垂越低，讓我有種他越縮越小的錯覺。

美洲原住民對歐洲人帶來的致命疾病沒

有免疫力，死亡大半人口，倖存者則世代輾轉於暴虐的奴役之下，哥倫布無疑是刮起腥風血雨的大災星，但新舊世界間的「哥倫布物種大交換」，卻深深豐富了人類食物，影響了歷史的走向。

沒有地理大發現，瑞士就沒有巧克力，義大利沒有番茄，佛羅里達沒有柳橙。我也不能想像在台灣全家便利商店沒賣燒燙燙的夯蕃薯。

馬鈴薯耐命，能適應各種氣候，水煮烘烤即可飽餐，不像麥子需要費事去糠碾磨發酵才能做麵包，只要有馬鈴薯，再窮也餓不死人，廣受普羅大眾歡迎，因此飄洋過海後，成爲深入家庭，深入味蕾，深入記憶的 Comfort Food（慰藉食物）。

馬鈴薯今日是最重要的糧食作物之一，我們這一行人紅黃白黑，幾乎各路人馬都能報上馬鈴薯做的家鄉菜。晚上擠在餐廳帳吃飯時，玩笑似的一一唱名，甚至不厚道地戲謔著，刻薄話只要不招呼到自己身上，的確是挺好聽的（張愛玲道）。

馬鈴薯蛋餅是西班牙人每日兩、三個小時 **SIESTA**（午休）的主角；「每戶人家爐上都燉著一鍋牛肉馬鈴薯」曾是舊俄時期共產黨人嚮往的烏托邦；熱呼呼的炸馬鈴薯可樂餅，是日本學童下課後邊走邊吃的點心；口感柔軟的馬鈴薯疙瘩，是義大利媽媽的拿手菜。

單調的德國菜去掉馬鈴薯？天知道還剩什麼；可悲的愛爾蘭人基本上餐餐無馬鈴薯不歡；沒味覺的英國人也不是第一次被嘲笑就算身置星級餐廳，也只點炸魚和薯片；更不要說速食王國四處可見的薯泥和薯條了，難怪美國人都是沙發薯仔（**Couch Potato**）！

講究吃食的法國人更津津樂道何種馬鈴薯適合水煮油炸，何種適合燒烤，法國旅伴來自北法，吹牛一生消耗的馬鈴薯超過四千公斤。

五百年前馬鈴薯遠渡重洋至歐洲，但一直到兩百多年才開始食用。因說了「貧民吃不起麵包，就吃蛋糕吧」而犯眾怒上了斷頭台的法國瑪麗安東尼皇后，也曾頭戴馬鈴薯花、熱心推廣種植；而獎勵農業改革的普魯士腓特列大帝至今墓上還擺著馬鈴薯以資紀念呢。

如今，我們這班吃馬鈴薯長大的雜牌遠征軍，親親熱熱嚷嚷著馬鈴薯家鄉味，走在印加古道上。

只有我想破頭，寶島竟然從缺馬鈴薯料理！傳統台灣飲食沒有馬鈴薯。台灣人對馬鈴薯的同鄉表親——番薯——比較有革命感情。不單台灣形狀像番薯，咱們哪個正港番薯仔想到番薯稀飯、焢窯烤番薯，不會心生暖意？

番薯是十七世紀起唐山過台灣的先鋒作物，沒有番薯就沒有台灣開拓史，沒米吃靠番薯籤度日也不過是阿公阿媽那代的事。而馬鈴薯遲至日治時代中期才

引進，相對來說，是資淺的新玩意，我也只有煮日式咖哩飯時才買，或吃西餐時來份「洋芋」沙拉。

新作物徹底改變了飲食習慣，墾荒救饑，滋生人口，隨著人類開疆闢土的腳步，開枝散葉。到底是人類利用了植物，還是植物利用了人類？

我們一邊嚼著製作古柯鹼的原料柯卡葉，一邊吃著燉的煮的炸的各種馬鈴薯料理，氣喘吁吁地登上了馬丘比丘，古印加人砌的石磚縫間塞不下一張紙，天空飄著憂愁的雨絲，群峰無語，山嵐清冷迷濛。

從馬丘比丘坐巴士下山，到了小鎮泡溫泉歇腿，飢腸轆轆地點了秘魯國菜換口味，送上桌來，一隻剝了皮的天竺鼠，仰天長嘯似地躺在盤子上齜牙裂嘴，身旁當然還是一堆馬鈴薯。

馬丘比丘的奇景之一在於他們的石牆多用巨石堆砌而成，石牆嚴密，卻沒有用上任何灰漿等粘合物，甚至連一個刀片都插不進去。

日本餐桌

當鯨魚沙西米槓上國際環保組織

初次在日本工作時，採訪鄉下漁村的旅遊景點，海風吹拂，彷彿可嚐到空氣中的海鹽，無意間看到魚市場內的看板上大書「鯨刺身」，不禁好奇多瞄了幾眼，隨行的觀光局公務員機警又殷勤，立刻招手請魚販大叔上了一盤。我還來不及客套，一盤半退冰的鯨魚沙西米就擺到我面前。深紅色的肌理看起來像獸肉，不像魚肉。

看我略顯遲疑，隨行人員忙不迭地說是「科學研究」，空中瀰漫著一股莫名的緊張。

「既然是科學研究，怎麼會在市場販賣呢？這是那門子的研究？」礙於對方面子和自己飯碗，我在衆人注視下，把疑問和鯨魚肉一起硬吞下肚。

嚐起來有點像生牛肉淋上魚肝油，鯨魚果然是哺乳類不是魚類！仗著華人什麼都敢吃的脾胃，我還是有點震驚：「天哪，我竟然吃了地球上最大的動物耶。」

日本自繩文時代就有近海捕鯨的傳統，明治維新以前日本人幾乎只吃水裡游的，不吃路上走的，豬肉還曾被稱爲「山鯨」。

早期日本捕鯨是爲了食用，歐美捕鯨卻是爲了提煉鯨油當燃料，石化燃料取代鯨油後，利益大減。國際上公然的商業捕鯨已停止，而日本仍披著「研究」的羊皮持續捕鯨，堪稱鯨魚殺手的第一交椅，鯨肉就當作研究副產品在國內合法流通。

在這個海洋資源耗竭的年頭，漁權貴比黃金。日本人說捕鯨是自古的傳統，大打文化牌。

今日北極圈的原住民的確仍靠捕鯨維生，但若說連馬桶都高科技到得看使用

為了合理化吃鯨肉的問題，日本甚至做了玩偶，寫上「吃鯨是日本的食文化」。

手冊的日本人，不吃瀕臨絕種的鯨魚就活不下去，簡直就是活見鬼了。

日本漁船在半官方金援下，配備精良，進出公海，把鯨魚這個明星物種宰了做沙西米，鮮血染紅了南極圈的汪洋大海，船艙裝滿鯨魚肉，怎麼不令國際環保組織心碎又火大？

激進一些的組織紛紛用巨型長程漆彈槍發射紅色漆彈，將捕鯨船身此地無銀三百兩的Research（研究）字樣，染上醒目的斑斑血色，然後製作宣傳影片四處播放，徹底給日本難看。

魔高一尺道高一丈，從此日本捕鯨船把強力水柱槍列為基本配備，以防快艇欺近射程以內。

「日本人是野蠻的鯨魚殺手！」

「披著動保外衣的恐怖分子！白人種族優越感！」

雙方互相拍桌叫罵，一來一往，鯨魚沙西米狠狠槓上了動物保育。上次日本對外抱持如此高昂的民族主義，好像是神風特攻隊的年代了。

日本捕鯨船的形象比好萊塢二戰電影裡的納粹黨，還要更兇殘。國際環保組織對「日本鬼子」的痛恨，完全不亞於抗議南京大屠殺的中國憤青。

只看過動物星球頻道節目的外國人，可能以為日本列島上住滿了野蠻嗜血的食鯨族，無鯨肉不歡，但其實絕大多數的日本人一年到頭，半口鯨肉都沒吃過。

在商言商，從產品定位來說，在日本鯨肉充滿奇妙的矛盾，既是戰後貧困的廉價蛋白質來源，老人回憶中難以下嚥的窮人食物，也是現今料亭裡的高級食材，非樂於會鈔的美食家難一窺堂奧。

鯨魚肉不像犀牛角或魚翅那麼奇貨可居，有行有市，供不應求。國民年度消費量只有區區五十克，連千分之一的肉食來源也算不上。

考量捕鯨船的燃料、開銷、攤提和人事費用，鯨肉的成本結構絕對無法便宜，一般日本人花同樣的錢，通常寧願吃松板牛。

購買欲低迷，供給遠大於需求，不惜橫眉冷對千夫指捕回的鯨魚肉，鄉親卻不捧場。冷凍庫裡的滯銷存貨堆積如山，若非國家補助金挹注，擺明是賠本生意。捕鯨業者特地聘請了行銷公司做宣傳，希望提升買氣，還開發了鯨肉食譜給學校營養午餐做參考。

「日本人眞奇怪ㄋㄟ……」我不禁滿肚子疑惑。說到底，日本除了「外人別管我吃什麼」的意氣用事外，其實並不鍾愛這一野味。

既然市場不買單，虧錢捕那麼多鯨魚做什麼呢？爲了極少數人的口腹之欲，動用國民稅金塡補赤字，還受盡國際社會白眼，形象掃地，這算盤怎麼打都不對吧？

比起冰在冷凍庫裡乏人問津的肉塊，悠遊在大海裡的鯨魚，更有意義不是嗎？

思前想後，唯一的合理解釋就是捕鯨業結盟力量強大，又有接觸決策者的門路，所以政治力介入了這個產業的興亡。

日本主管機關的水產廳長年補助日本鯨類研究所，而水產廳的高級官僚退休後，往往空降到該研究所任職，儼然是退撫納涼、坐領乾薪的好所在，捕鯨船隊由日本鯨類研究所一手主導，堪稱「朝中有人」。

水產廳御用學者甚至提出了「捕鯨有益生態」的學說廣爲宣傳，胃口似無底洞的鯨魚吃了太多魚，需要人類捕鯨平衡食物鏈之云云。

世代從事捕鯨的漁民，文化歷史一脈相傳，地緣關係深厚，紛紛集結請願，不願斷了生路，地方議員見民氣可用，當然不會坐視不管。誰叫鯨魚沒有選票呢？

日本政界長年罹患「慣例症候群」，因循苟且，不敢求新求變，壞人衣食，右翼份子大和魂一附身，隨便給人扣上「數典忘祖」的民族主義大帽子，誰敢吭聲？

一旦廢捕鯨，整體國民就算受惠也不會給政治人物任何掌聲，但利益受損的漁民卻會對著座車丟爛魚臭蝦抗議，徒惹一身腥，有過無功，難怪沒人願意淌這混水。

民主體制中，沉默大眾事不關己，占極少數的既得利益團體反而一鼻孔出氣，喊得震天價響，導致公共政策失靈。位置決定腦袋，經濟外部性自然被轉嫁了。

與其硬讓一個幾乎被時代淘汰的飲食文化繼續苟延殘喘，不如將年年補貼捕鯨業虧損的稅金，平分給漁民安家轉業，老漁夫

可安心退休，讓年輕一代學習新技能，轉換跑道。

但若說日本人應完全禁吃鯨魚肉才對，好像又太撈過界。擅闖鄰家，將鼻子湊到別人餐桌上指手畫腳，未免自我感覺太過良好了。

地球之肺亞馬遜雨林被蠶食鯨吞，爲的不就是養牛出口到美國嗎？雨林物種何止千百，那美國人爲什麼不停止吃牛肉漢堡呢？對印度教徒來說，吃牛豈只野蠻，簡直褻瀆神靈！

華人爲了魚翅，挨的罵也從來沒少過。比起鯨魚更有市場價值的鮭魚、鱈魚、螃蟹、龍蝦，在空蕩蕩冷清清的海洋中，越顯珍貴美味！別的不提，在東港吃黑鮪魚壽司時，想到盤中飧是希有野生動物的台灣人，應該也沒幾個吧？

大家活在同一個星球上，交相指責起來，都是五十步笑百步而已。

在海洋資源逐漸枯竭的今天，仍有人覺得海洋文化等於海鮮文化，環保團體大聲疾呼之餘，還應多贊助「吃大型海洋生物導致金屬中毒」的學術研究。餐桌上的政治學，除了命令人不准吃以外，還得讓人不想吃才行。

尼泊爾餐桌

誰來殺雞？

在尼泊爾爬山，和嚮導A亦步亦趨走在藏族區。

有人說，西藏的文化已被中共破壞殆盡，若想要體驗原汁原味的藏族傳統，泛喜瑪拉雅地區的印度拉達克、錫金、不丹和尼泊爾是更好的選擇。

A說他爬山曾碰到從山的那一頭逃難來的藏人，身上揣著黃金細軟，披星戴月，冒著風霜雪雨，拚死橫跨五千公尺的巨大山脈。賭上性命逃離西藏，奔向達賴所在的達蘭莎拉。

海拔四千公尺「世界屋脊」的陽光，清亮透明，藏傳佛教五色幡旗飄揚在山巔上，宏大壯麗的山景令人屏息，各大山頭像島嶼一樣漂浮在雲海上，海浪滔天。

每個小旅社都有一份公定菜單規定價格，海拔越高食物越貴，一杯水在河邊和在沙漠的價值不同。當然一份蛋餅在三千公尺和四千公尺的定價也不一樣，挑夫跋涉了千山萬水背來麵粉，背痕深陷肉裡，小腿上暴青筋。

我們太臨時起意，沒有事前訂旅社房間，不幸今晚都客滿了。只好在山間兜兜轉轉，敲了幾扇木門詢問民家可否收留我們，在一個藏人家庭找到落腳之處。黃昏的金光撒在樹梢上，我把笨重的登山靴脫了，卸重裝歇腳時，A問：「我們晚上請主人準備一隻雞好嗎？」

連日幾乎都是啃乾糧，我眼睛亮了起來：「好呀！」

他指著滿地啄食咯咯叫的雞說：「那麼，你想要哪一隻？」

藏人的雞，每隻都像運動員一樣精實健壯，幾分剽悍，目光炯炯，睥睨著快臨頭的大禍。

我只要手一指，那隻倒楣的雞就身首異處，眞是有點……罪惡感……？

「嗯……」我突然猶豫了起來，呑呑吐吐：「我們……還是不要吃雞了吧……活的耶……」

A白了我一眼，決定把我歸類爲因高山腦部缺氧而說話莫名其妙的觀光客。

「要吃雞肉，就要殺雞。不然小姐你以爲肉是從哪裡來的？」我猜他一定這麼想。

上週拜訪A泥糊牆的家時，我才吃了一大盤A的母親煮的咖哩雞，也沒辦法推說我吃素。

鍋裡的雞，原本都在院子抖著羽毛扒土翻蟲吃呢。

「我知道，這我當然知道。」惶惶然心虛到了極點，但情感上我就是沒辦法選擇要把哪隻活雞的喉嚨割斷。

「唉！A，你就私下請主人料理，直接端上桌，事前別問我、也別讓我看到活雞就好了嘛。」我當然沒說出來。

「偽善！荒唐！」心中的聲音大聲嘲笑自己。但我就是在這樣的社會裡長大的。

高地苦寒，冰雪封山，難生莊稼蔬果，千百年尼泊爾的藏人以肉食維生，這社會需要屠夫。只要吃肉，就不免殺雞宰牛屠羊，我把所有形而下的工作轉嫁給第一線生產者，藉著消費迴避了這個良心問題。

起碼在超級市場買，我就不覺得自己是兇手，我只是顧客。

其實，就算吃全素也是間接殺生，只要參與過農事，就會知道除蟲拔草整地的過程中，必定死傷無數生靈，只不過修行者通常不是第一線的生產者罷了。

人活著，本來就會向天地索取生命為養分，不管是動物的生命，或是植物的生命。

人類意識中那遮蔽本體空性的一切顛倒幻象，佛教稱之為馬雅（MAYA）。作為現代經濟火車頭的消費主義，難道是有史以來最大的馬雅工廠？

社會精細分工下，人像活在膠囊裡。現代人成了幼稚脆弱的一群，拒絕觀看生命的全貌。血淋淋的屠體拔毛洗清後，包裝在保鮮膜裡、陳列在冷藏貨架上出售，彷彿從來沒有生命似的。

我們力求離苦得樂，空調之下，到處夏涼冬暖，發明各種新藥手術，逃避對老病的恐懼，像拜物教一樣，崇拜用 Photoshop 修圖後永遠美麗青春的模特兒。我們崇尚便利，食衣住行育樂都外包給商業機制，食物買自超級市場，不再生產於自家農田，只要刷信用卡就可以維持生命。

每一杯熱茶都需要燃料煮開水，燃料不是來自瓦斯罐，就是方圓百里內砍下的柴薪，村落無法容納那麼多遊客，樹快被砍光了。

來自台灣，我極度不耐寒，身上外套快把自己裹成北極熊，擠在火爐前。

爲什麼，我不能忍受缺乏呢？

如果奮鬥是人生的佐料，在世數十寒暑，像藏人一樣爲了生存而拚搏，是不是比掛在 FACEBOOK 上閒聊更有滋有味？

爲什麼，我蒙上了雙眼？

所謂的文明，就是致力把生命必然的苦澀包裹在糖衣裡，拒絕正視實相？借助科技和消費，心想事成。然後，舒適到痲痺了。

大自然演化時，生理構造和習性是成套出售的，不零賣。人類的生活方式在近幾百年的巨變，遠遠大於過去幾十萬年的總和。但長年演化來的身心，並沒有一同齊頭並進，適應「出則車、食則肉、蘋果不離身」的現代生活。

對天地神靈謙卑到近乎膜拜，才能收穫日用食糧，在台灣也不過是阿公阿嬤那代人的事。

當人類排除了生活中不愉快的部分，會不會同時失去了與生俱來那應運天地萬物的深度覺知？

生命的空虛感來自於人和自然的隔閡日深。都市動物和自然的連結？WELL……只剩用 iPHONE 發射憤怒鳥去攻擊豬隻，或是去開心農場偷菜。

養雞能簡單地把米糠麥稈雜草昆蟲轉換成珍貴的蛋白質來源。有的文化禁食豬禁食牛，我還沒聽過單單針對雞的飲食禁忌。

不吃葷，人就不會養雞了。那麼，除了野外，雞根本不會存在。

雞生活在野外，只可能更短命。喉嚨就算不被人類用刀割斷，也會被黃鼠狼咬斷的。

天地不仁，以萬物爲芻狗。人的悲秋傷月，都只是空泛的文藝腔。生存本來就是血淋淋的物競天擇。大自然演化出掠食動物來淘汰獵物中的老弱殘兵，無形中篩選出強壯基因。

家禽家畜和人類策略聯盟，用蛋奶肉換取安全和子孫繁衍。所以，全世界有幾億隻雞，野外卻只有幾萬隻原生野雞。

母雞矯健地帶著小雞四處覓食，公雞昂首闊步於成群妻妾之間，雖然有天終歸會祭了人類的五臟廟，但牠們交配繁衍，在半野生的狀態下，經歷了一個滿足的人生，不，「雞」生。

再怎樣，總比終身囚禁在養雞場的同類幸福多了。鐵籠中每隻雞的空間不到A4大小，餵養大量抗生素、施打藥物催熟。

如果都要吃肉，那吃藏人的雞，比台灣養雞場大量制式生產的雞，來得心安理得。

在我力阻之下，A讓院子裡的雞活了下來。晚上圍著地爐吃豆湯拌糙米飯，喝酥油茶，一早就被雞啼和誦經聲喚醒，早餐補償似的吃了煎蛋。

背起登山背包繼續趕路，回頭一瞥，藏人媽媽做完早課，正在餵雞。
唉，真的好想吃肯德基的咔啦雞腿堡呀！

瓜地馬拉餐桌
血色咖啡

瓜地馬拉的安提瓜古城簡直是觀光樣板，火山腳下色彩繽紛的殖民老宅紛紛轉做觀光客生意，咖啡店、藝廊、旅館、網咖、餐廳、禮品店連延不斷，火紅的九重葛燃燒了鵝黃色的斑駁石牆，茶褐色屋瓦下飄著濃濃咖啡香。

矮小黝黑的馬雅原住民婦女背著嬰兒，扛著一捲捲精美的手織布進城，像群披掛了七色彩虹的胖母雞，在石板路上緊追著觀光客兜售，陣陣叫賣聲被風吹散。

我就是在那裡遇到來自紐約的M，理工出身，改行去華爾街淘金，大撈一票後退休。一頭灰髮，美國高社經地位白種男性的標準身形，高壯結實，不見中年體態。

M過去在瓜地馬拉旅行時，發現馬雅小孩滿街遊蕩不上學，索性自力成立了一個NGO資助偏遠地區兒童教育，他正忙著把上次活動的加洗照片分送給那些賣布的婦女，接著要送電腦設備到山上去，相談甚歡下，我自告奮勇跟去做義工。

A的日本丈夫也在華爾街操作天文數字的私募基金，她是M慈善事業的左右手兼文化顧問，年輕時離開故鄉瓜地馬拉，赴德國攻讀考古學博士，主修馬雅文化，因血腥內戰獲得政治庇護，而後輾轉移民美國。A的五官深邃，歐洲人和馬雅人兩種血統取得優雅的融合，但一大笑，鴿群也被嚇得飛起來。

V是A的女兒，瓜地馬拉和日本混血，血統更加五胡亂華，典型的美國移民第二代。自小在各大陸間飛來飛去，年紀和我相仿，清秀慧詰，一聊到日本和旅行，就特別有共鳴。

日前颱風災害嚴重，山路柔腸寸斷，車輛難以通行，顛簸到幾乎連早餐的咖啡都嘔出。

A土生土長，又學有專精，洋溢著拉丁女人的活力和幽默感，我從V身上看出A年輕時一定是美人胚子。A說起挖掘古代馬雅祭器出土的考古經歷，杯內疑似是巧克力渣，活靈活現地讓我忘記暈車。

馬雅文明發源於瓜地馬拉的熱帶叢林高地，遍布中美洲，建築和天文學高度發達，能精確計算天體運行，曾建立繁榮的都市，獨立城邦互相攻陷，謎樣消逝，千年迷霧只留下宏偉神廟和堂皇陵寢，帕連奎、提卡爾、奇琴伊薩、科潘等遺址最爲世人所知。

而今，馬雅後裔不識先祖榮光，多半在貧窮線下掙扎，連文字也成天書。聽說這次風災引起土石流，偏遠村落死傷慘重，馬雅人卻寧願挨餓受苦，拚死不讓政府軍隊直接開進村落救災。來來回回協調後，村人終於同意軍隊把食物和醫療補給品遠遠放在村外，村人自己動員老弱婦孺徒手去搬。

「軍隊想進村？先跨過我的屍體再說！」極端不信任的背後，是血流如注的歷史傷痕。

也不過一直到一九九六年以前，獨裁政府仍然計畫性地屠村滅族，消滅馬雅游擊隊勢力，「誅夷不遺赤子，田疇廬社廢之」，屍骨棄荒塚，月夜聞鬼哭，山林顫抖，赤地千里。

咖啡自十九世紀起在瓜地馬拉落地生根，長得出乎意料地好，瓜地馬拉因爲土壤氣候地形多元，幾乎可培植各種口味的咖啡。咖啡雖在瓜地馬拉獨立後才引進，但殖民經濟的特性再明顯不過。

上層階級刻意培植莊園經濟，瓜地馬拉長年只依賴出口咖啡賺取外匯，暴露在價格波動的巨大風險下，單一作物綁架了所有人力資本和土地產能，當國際咖啡價格暴跌時，農人血本無歸，負債累累，只能望著滯銷的咖啡餓肚子。

拉丁美洲諸國幾百年來，土地資產極度集中在少數幾個權勢家庭手上，這些藍血貴族的父系祖先多半可追溯到殖民時期的西班牙官員和鄉紳，膚色比馬雅人白皙許多。

儘管政權走馬燈似地換，其實都是自己人，換湯不換藥，盤根錯節，世襲罔替的大地主們讓社會發展宛若一灘死水。

藏鏡人政商兩棲，個個坐擁美國綠卡，不但竊國，還勾結外國勢力賤賣本國資源，中飽私囊，外資如同禿鷹似前來搶食，其中美國企業最如狼似虎，不斷併購侵吞土地種植熱帶水果和咖啡。

馬奎斯的《百年孤寂》中，那個指使政府軍隊槍殺罷工農人的美國香蕉公司確實存在。

拉丁美洲的悲哀，就是離上帝太遠，離美國太近。而統治階層和草根民衆，更是雲泥之別。

咖啡莊園的奴工當然都是馬雅人，他們種的不是血色咖啡果實，「種的是個『窮』字，收的還是個『窮』字，最後連地也耗乾了！」瓜地馬拉的諾貝爾文學獎得主阿斯圖里亞斯，悲憫馬雅人的貧苦，但出路何在？

他融合了超現實主義對夢境、潛意識的描寫，和原住民虛幻眞實存乎一體的世界觀，堪稱魔幻寫實筆法的開山祖師爺，爲弱小貧窮發聲。

一直到五〇年代的阿本斯總統任內，推動平均地權，還富於民，此等左派舉動，不但嚴重傷害了美國的經濟利益，還觸動了冷戰時期圍堵共產主義的敏感神經。

紅色警鈴大作下，美國強勢扶持親美獨裁勢力，阿本斯被迫流亡，山區馬雅原住民不堪長年剝削，紛紛組織游擊隊反抗，爲期三十六年的血腥內戰揭開序幕。

A於此等暴力肅殺的社會氛圍下，在瓜地馬拉度過她的前半生。她當然知道美利堅帝國主義就是害她家破人亡、流離失所的那隻翻雲覆雨手，但叨天之幸，現在連她自己也是美國人了，女兒V畢業於常春藤盟校，前途光明，可以選擇想要的生活。

少小離家老大回，我不知道已過中年的A看著殘破凋零的故鄉，親友已逝，人事全非，內心是怎樣冰封鐵鑄般的滄桑。

咖啡豆的產地都是經濟結構脆弱的前殖民地，而主要買主則是富得流油的前歐美宗主國。

咖啡豆是交易量僅次於原油的大宗物資，價格漲跌左右生產國的政經情勢，長年名列最投機的期貨商品，盤商、掮客、跨國咖啡公司、期貨交易商和咖啡豆生產國的特權階級，各路人馬聯手買空、賣空、套利，坑殺最底層的咖啡農。

自古以玉米後裔自居的馬雅人，競爭不過美國政府鉅額補助的低價玉米傾銷，兵敗如山倒，紛紛棄守玉米田，更加依賴咖啡維生，嘴裡糧食被奪去，只要國際糧價一漲，咖啡價格一跌，簡直餓孚遍地，只能仰望國際援助。

M身爲圓滑世故的紐約客，長年在金錢萬歲的華爾街打滾，不可能不知道全球咖啡價格幾乎由紐約咖啡、糖及可可交易所（CSCE）說了算。那群在交易所大聲吼叫著「長！短！多！空！買！賣！」的年輕小伙子，決定了遠在他鄉的咖啡農一年的生計和血汗。

鮮血滲入土壤，灌溉了咖啡樹，長出的咖啡豆發酵、烘焙、研磨、泡成咖啡，仍有一股古老的血腥苦味，讓交易員澀了嘴，聳聳肩，多加幾匙的糖和奶精，繼續盯著螢幕看盤。

NGO資助名單上的馬雅兒童，絕大多數是咖啡園臨時雇工的子女，收入尚無法餬口，遑論教育？咖啡經濟一崩盤，青壯年人紛紛離開毫無希望的咖啡園，賭命跳上北上列車，有些幸運兒偷渡至美國打黑工度日，但更多人則是終身殘廢或命歸西天。

我知道行之有年的美式經濟掠奪完全不是M的錯，就算只是爲了莫名的自我滿足，他自掏腰包、籌措經費來這勞心勞力，已經很不簡單了。但我不禁憤怒起來，這到底算什麼？巧取豪奪，把人家折騰到一貧如洗，再來發兩個饅頭表善心？尤有甚者，還順便數落對方是不思振作的懶胚？

NGO在地的聯繫窗口是一對馬雅畫家兄弟，能聽說讀寫基本西班牙文，已是當地教育程度最高的人。內戰屠殺了或流放了像A一樣的高知識分子，年輕一代在戰禍中度過童年，只能淪爲文盲，在飢餓邊緣掙扎。

內戰毀了整整兩代人，連基本行政人員都找不到，遑論經營壁畫的人才。

畫家兄弟很害羞，我和了不起的「美國大爺」一道來，剛開始怯生生地不太敢和我說話，我和V努力教會他們用數位相機拍照，好讓義工更新網頁。

熟了一點後，他們友善地給我看畫作，風格像兒童般樸拙，村落慶典、傳統市集、婦女織布躍然紙上，馬雅人生來就會攝取天地間靈動的色彩，最後一幅卻讓我倒抽一口冷氣。

畫面淒冷，全是慘白十字架，紅豔的咖啡豆宛若鮮血，倖存者在墓園流淚痛哭。

接受援助的馬雅孩子全聚集在屋子裡，眼睛純淨澄澈，尚未沈澱苦難。我們像社工追蹤個案似地一一唱名。卡洛斯滿六歲，將上小學需要制服文具，十三歲的瑪利亞畢業後要去瓜地馬拉市升學念護校，家住偏遠的荷西要外宿寄讀。

我和V教小朋友們用色紙摺日本紙鶴時，A特別集合了大女孩一個個親切說話：「ㄚ頭們，再怎麼辛苦，不管別人說什麼，一定要讀書。」她們穿著傳統服裝，烏溜溜黑髮披肩，領口袖口都盛開著豔麗繡花。每個村落有獨特的衣著髮型，像制服一樣可以輕易辨識出身。

女性是家庭的軸心，只要改變女童淪爲文盲、青少女早婚早育的宿命，就可以改變一個社會的未來。

M還鼓勵較大的孩子使用網路，起碼要學會用西班牙文寫email，網咖費盡管報公帳。A認爲不妥，建議應該先發網咖津貼，M一定是累了，隨口問：「他

們沒有二十塊瓜幣先墊嗎？」A幽默地聳聳肩，雙手一攤：「他們連兩塊瓜幣都沒有啊。」

跨國援助永遠有無形的落差要克服。馬雅孩子的母語不是西班牙文，用筆寫字尚且陌生，何況打鍵盤。而金錢在不同世界，的確有不同的重量，這些孩子的父母勞苦一季的薪金，在紐約買不到幾杯星巴克咖啡呢。

正值咖啡產季，結實累累，紅澄圓潤像櫻桃一般豔麗，村人們頭頂簍筐來來回回地採收咖啡，雙手起老繭，把咖啡豆放在大水槽裡發酵後清洗，鋪在太陽下曬乾，然後用脫殼機去除果皮，之後又篩選出不同等級的咖啡豆，終於裝袋。婦女各據一角，把咖啡豆用五顏六色的馬雅手織布包裝，就是觀光客必買的土產。

我們走到一個被視爲聖地的小山丘舉行馬雅祈福儀式，松針遍地，山嵐將一股清新帶入肺裡，我不禁問A：「當一個文明喪失了最精華的部分，還是原來的文明嗎？」

A說：「沒錯，精通天文曆法的祭司是不在了，建築宮室的奇工巧匠也不在了。但是廣大的百姓還在，不要忘記，再怎麼高度的文明，也是源自草根泥土。」

今天目不識丁的馬雅村婦所編織的鮮麗圖案，可能就是已失落的古代數學符號，斷井頹垣旁，仍有幾朵姹紫嫣紅。

村人圍著圈圈唱起馬雅古調，焚燒松脂，煙霧瀰漫。

回程下起細雨，我們躲入路邊的小咖啡攤，擺攤阿婆端上熱燙的黑咖啡，雖仍無比苦澀，但血腥味漸漸淡了。

太陽重新露臉了，濕漉漉的泥土路如鱗片一樣閃光，蜿蜒如蛇。小鎮裡的白色教堂曾是馬雅神廟，崇拜雨蛇神的祭司和天主教神父很有默契地交錯進行儀式，山嵐迷濛，鐘聲昂揚。

泰國餐桌
青木瓜沙拉和愛情遊戲

威廉福克納和馬奎思都曾說過：「對於一個小說家，住到妓院是再好不過的了。那裡白天很安靜，可以寫作；晚上你也可以快活快活，碰到一堆有趣的人物。」

在泰國時爲了貪便宜，我租了紅燈區酒吧樓上的房間小住。三教九流齊聚一堂，給你一整夜的音樂、酒精、愛恨嗔癡。接著有一整個安靜早晨的沈澱、醞釀、思索。

炎熱天氣彷彿把我的胃口也融化了，只好天天向小販買青木瓜沙拉吃，在泰語叫做「宋丹」（Som Tam）。路邊小攤現做現賣，清爽開胃，酸甜鹹辣，隨君吩咐。二〇一一年還被CNN列爲排名第四十六的世界美食，幾乎每個人生平吃的第一道泰國菜就是宋丹。

酒吧旁賣宋丹的流動女販小P不到二十歲，個頭嬌小，膚色黝黑，像台灣原住民一樣有天然的喜感，頭臉上帶著瘀青傷痕，手腳麻俐，整個青木瓜削皮後，先直直刻入刀痕，然後水平地削瓜肉，「唰唰唰」刀起瓜絲落，不勞砧板刨刀。

除了「撒瓦迪咖」外，我求生泰語第一課就是「撒ㄋㄧㄋˇㄞ」（少辣）和「賣撒」（不要辣）。

就算跟小P說完全不加辣也沒用，因爲她搗宋丹的木杵和木臼只有一套，辣汁滲入杵臼，加入的新食材也會變辣，不管怎樣對我來說都是極限。

在酒吧工作的鶯鶯燕燕看我被辣到涕淚直流的蠢樣，樂不可支。小P和她們都來自泰國東北的伊桑地區，他鄉遇故知，話夾子總關不了，聽起來就是一團柔言軟語，將人包裹在棉花糖裡。

她們吃的宋丹，一定要加生醃溪蟹，六七根辣椒，大聲嘲笑我可悲的吃辣能力。後來我才知道伊桑人以吃重辣聞名，一般泰國人也沒這本事。小P的客群基本上是吃辣界重量級世界冠軍，而我連羽量級也沾不上邊。

小P被我的味覺搞得莫名其妙，對我的汪汪淚眼抱持無限同情，下次自動在杵臼上套了幾層乾淨塑膠袋，才開始搗我的宋丹，從此我的嘴唇不再腫得像安潔莉娜裘麗。

典型泰國女人溫柔貼心的舉止，難怪「微笑國度」讓無數遊客流連忘返。

陽光像金色糖漿似地澆了她們一身，曲線黏膩火熱，直長黑髮在水蛇腰間晃動。這些伊桑女孩是互動式伴遊女郎般的存在，膚色黝黑健美。

到了夜晚，她們的靈魂被霓虹燈蒸發，濃妝豔抹，化爲魅惑的肉體。泰國做爲東南亞性旅遊的心臟，豔幟高掛，近悅遠來，無數「性」沖沖的男客下了飛機只往紅燈區跑。

溫暖的氣候，湛藍海水像春夢一樣輕，低廉的物價令人放鬆神經，辛辣的食物刺激感官，這是白種男性的人間天堂，當地泰國人叫他們「發郎」。

「人言蕩子銷金窟，我道貧民覓食鄉。」肉金廉宜，競爭激烈，發郎是賣肉貧家女的首要目標，這不是求偶，這是求生。

東北部的伊桑是泰國最貧窮的地區，發展落後，教育程度低，工作希少，年輕人不願當一輩子面朝黃土背朝天的貧農，紛紛前往外地謀生，同時把家鄉菜宋丹帶入泰國各大城市。

宋丹原是伊桑上不了檯面的窮人菜，貧瘠的土地連牲畜都難養活，隨手可得的青木瓜、花生米和菜豆，加上溪邊摸來的河蟹小魚，醃漬後一起搗碎增添鹹香，配上糯米就是一餐。

伊桑外流人口到了大城市，膚色黝黑，口音特別，就業備受歧視。男人只能當建築工人、嘟嘟車司機，女人去幫傭或是擺攤。當然，女人還有最原始的本錢。

泰國和亞洲各國一樣以白皙膚色爲美，伊桑女孩的黝黑膚色倒是很合發郎胃口，因此觀光區酒吧到處可見伊桑女孩執壺賣笑，和發郎勾肩搭背。

發郎在哪兒都吃得開，簡直就像老鼠掉到糖罐裡，下了飛機就突然人氣暴漲的異性緣，顛覆了以往社交受挫的經驗，受寵若驚之餘，哪個男人能不暈船？

英文裡有句粗俗的俚語「一試黑人，一世黑人」（Once you go black, you never go back.），調侃白種女性一旦嘗過黑種情人的魅力，就不會回頭。

而另一個版本「一試亞洲女，再見白種女」（Once you go Asian, you're done with Caucasion.）也不遑多讓，挑明了白種男性只要和亞洲女性交往過，就不會再青睞白種女性。

這固然是白種人本位主義的論調，但「一試成主顧」的例子，確實所在多有。男人到了人生下半場，婚姻或許觸礁，親子可能疏離，抱負已死，夢想遠去，頭禿了，肚子也凸了。哀樂中年，歲月的腳步越來越響，衰老等在屋前敲門，男人遇到甜蜜的亞洲女孩，她彷彿可以輕柔地摀住他的耳朵。

「老傻子就是好傻子。」她讓他覺得又年輕了一次，她偷吻他鬆弛的臉，撫平眼角皺紋，一起騎哈雷戴維森重型機車追夕陽，然後在海邊來場黏答答熱辣辣的馬拉松性愛。

亞洲女人和婉的笑容，軟綿綿懶洋洋的口音，媚眼勾人，俏皮溫柔。她們依偎在發郎臂彎中，像安靜溫馴的暹羅貓。這怎能不令男人心動？

如果有一天，暹羅貓突然開竅，學通外語而辯才無礙，找到自己的目標，重心不再繞著男人轉，發郎會不會悵然若失呢？所有的憧憬竟只是誤會一場。怎麼？寵物突然說話了、有自己意見了、有「生涯規劃」了？

酒吧老闆S的祖父是納粹軍官，不知是不是怕以色列派殺手追殺，二戰後舉家避居泰國。S有著日耳曼人高大壯碩的體型，低沉的嗓音，剛毅的方下巴，叛逆剽悍，高中沒畢業就蹺家從軍，多年軍旅生涯，官拜上校，隨著維和部隊輾轉各地。

S派駐非洲時中彈負傷，在柏林療養大半年後，回泰國過冬懷念舊時光。我第一次見到他時，他正包著繃帶石膏，在酒吧前幫小P修理攤車的輪子。

S在泰國土生土長，笑稱自己是「德裔」泰國人，門路特多，還曾幫泰皇姪孫女輩的親王郡主當私人保鑣，有圖有眞相。

仗著德國人對啤酒的天生愛好，S年輕時合夥開了間啤酒吧，全盛時期，手下嬌兵媚將數十人，宛若盤絲洞主，見識過泰國溫柔鄉的所有招數。現在雖然退下來第一線經營，只占乾股、不太管事，同爲中年歐洲男人，S深知客戶心理：重視乾淨安全，講究羅曼蒂克。

S每天都光顧小P生意，買好幾包宋丹請客，我們邊吃宋丹，他津津樂道他的啤酒吧湊成佳侶無數，連簽證手續也代辦。

從戰場上的鐵與鮮血，換成歡場中的酒精與蜜糖，我開玩笑敬他一杯：「眞想不到德國高級軍官竟然兼差當『老鴇』。」S說：「天地良心，我不賺皮肉錢。酒錢和房錢夠我發財了。女孩們的私生活我可管不著。我開酒吧，不是舍監。」

S的啤酒吧算不上肉欲橫流的風月場所，客人固然以歐洲中年男客爲多，但也有攜家帶眷的家庭客，清一色女性員工，沒有吧女坐檯、妓女站壁。

剛來到花花世界的鄉下女孩，主要工作是清潔酒吧和廚房、樓上套房。環境熟了後，上得了檯面的女孩，漸漸有機會到外場當服務生，和發郎客人接觸。

之後呢，要和客人交往，露水姻緣還是情定一生，就完全看個人造化了。

按照東南亞觀光區的常規，店家只提供簡陋食宿和極低待遇。店家需要女孩的廉價勞力，女孩需要管道認識來店消費的發郎，各取所需。不管是店員、餐廳服務生、還是房務員，女孩有了正當工作，就有了良家婦女的身分掩護，透過工作自然而然認識發郎，一段關係不是從赤裸裸的性交易開始，對女方總是有利得多。必要時，店家還會扮白臉或黑臉，一搭一唱，成就良緣，起碼也撈點好處，進可攻退可守。

門路沒那麼靈活的女孩，會到學校註冊混張學生證，好有個正當理由和發郎打交道，好學生總想練習英語嘛。

妳的青春正盛嗎？不要緊，在這裡，青春是不值錢的。永遠有更年輕貌美的暹羅貓取代你。女人堆裡多是非，爲了客人爭風吃醋，明槍暗箭，彼此欠著人情，又積著小怨，女孩們結黨成派，身上都刺了刺青。

我這個局外人，又是全然沒利害關係的外國女人，有些女孩們跟我講話好像心無罣礙似地，我總是聽著、點頭、搖頭、嘆氣、嗯嗯、啊啊……，泰語腔的酒吧英文聽力進步了不少。

身為「食色，性也」的信徒，我沒有太嚴厲的清教徒式道德感。職業無貴賤，在荷蘭性工作者也繳稅，檯面下的骯髒事全攤在陽光下，深以為然。但我無法忽視那些讓小女孩被迫或樂於打開雙腿賺錢的社經結構。

女孩們把發郎分兩種，一種是銀貨兩訖，擺明了這只是場性交易。另一種是假日羅曼史，愛到咖慘死，依依畫眉，山盟海誓，承諾全世界。時間到了，發郎拍拍屁股就跑，女孩大著肚子、抱著孩子上使館找人，哭哭啼啼演出《蝴蝶夫人》劇碼。

眞要選的話，老實說我比較欣賞坦蕩蕩會鈔的尋芳好色客，而不是仗著社經優勢、上床爛滾的愛情浪子。

這些卡薩諾瓦大情聖們會推說：「這是自由意志呀。已經是成人了，她傻到相信我胡吹，也是自己的選擇，誰叫她那麼天眞呢？」他們甚至覺得嫖客召妓很沒品：「我才不屑這種沒道德的骯髒事呢！我可是談情不談錢、講心不講金的。」

女孩們千依百順，養得發郎胃口越來越大。又或者舉國皆雞的奇怪聲譽，本來就吸引了壞發郎慕名前來，逞殖民白種主子般的威風。女孩期望常落空，愛深怨切：「發郎都是壞人。」

我耳朵灌飽了她們肥皂劇般的愛恨情仇，大嘆：「她們難道不能找其他工作嗎？」S揶揄地看著我，彷彿我是他養傷中的新消遣：「找個發郎老公本身就是份工作，而且常常被開除呀，我親愛的小女權主義者。」

除了蒐集博士學位外，這個聰明絕頂的傢伙的興趣，就是用不經修飾的粗話，指出駝鳥衛道人士拒看的矛盾。

「難道她們窮，就沒有感覺、沒有人權嗎？」我咬著牙，硬把「沙豬」二字吞下肚。

「有需求就有供給，經濟學修過吧？」S嗤之以鼻：「北歐夠講人權了，你知不知道有多少道貌岸然的瑞典男人，趕在召妓入罪化之前，湧入泰國打炮享樂嗎？那景象簡直就像老鼠逃離沉船、蜂擁上岸似的。」

S眼皮子底下的這些女孩，應召出遊，起碼還是吃香喝辣的Happy Hooker（快樂妓女）。眞正等而下之的悲慘性奴隸，通常由本地男客光顧，那是觀光客極少見識到的驚悚黑暗角落。

雛妓從偏遠的少數民族村落被人口販子拐賣來，或乾脆綁架自更貧困的寮國、柬埔寨，連泰語都講不好。舉目無親，長年如動物般被關在小房間內，暗無天日。

S說幾年前黑道掌控的一家老旅館失火，撲滅火舌後，發現許多被鎖鏈捆綁在床邊、無法逃生而葬身火窟的年輕女孩焦屍。

他看我對無良發郎口誅筆伐，大翻白眼：「相信我，泰國女孩絕對不是省油的燈，全褂子的武藝，發郎被騙走一生積蓄、夢醒自殺的新聞，天天都有。若是口袋空空，比狗還不如。她們以爲發郎是傻子嗎？滿口愛情，要的也不就是錢罷了！」

我憤憤回嘴：「哼！要不是貪圖人家的青春肉體，老色鬼一毛錢也不肯花呀。」

「那不就得了。金錢和青春的交易，很公平呀。」

近朱者赤，近墨者黑，女孩們在紅燈區多待幾年，老油條了，絕不讓客人只掏老二不掏鈔票，只解皮帶不解腰包。火山孝子動了真情，床頭金盡，掏心挖肺還嫌腥呢。

說穿了，泰國進口觀光客，外銷年輕女性。原生國家社經條件越差，越對歐美等已開發國家的生活有不實憧憬。因此歐盟還針對外籍新娘核發「試婚簽證」。

她們不知道發郎情人們在泰國悠遊快活的那一個月，叫做「度假」，每年可是要辛苦工作整整十一個月。在泰國出手闊綽，那是物價低廉，心態輕鬆，一回到母國，百物騰貴，家用錙銖必較。在泰國理所當然的花費，洗頭吃館子，在歐美全變成奢侈。

婚前婚後的落差，語言風俗生活習慣的不適應，冬季天寒地凍，若一開始就有太多不純因素，往往熬到取得國籍就丟下小孩跑了。

淪落風塵的女孩就像苦樂由人的秦淮諸豔，不過琵琶絲弦被電子音樂取代了。我越常聽到女孩們唱著「絲蘿非獨生，願託喬木」的哀怨小曲，反而越痛切體悟女人的經濟、精神都要獨立，不然捧臭男人飯碗，一輩子都有苦頭吃。根據歐洲民法，離婚的財務代價之慘烈，讓男人對婚姻怯步，離婚率那麼高，輕易結婚簡直是財務自殺。女孩們苦求不得一紙婚約，那絕對更要狠狠刮錢。

她們出盡法寶，努力激起發郎情人們憐香惜玉、英雄救美的雄性本能，期望多搾出油水來。老家的雞瘟了，水牛死了，天沒下雨，無法耕作，媽媽病了，弟弟要上學，不想賣笑要贖身。發郎情人來訪時，一家人更聯合起來把電視冰箱藏到鄰居家去，裝出無米下鍋的慘樣。

更別提在機場的聲淚俱下、生離死別了。說完再見，眼淚一擦，換上笑臉說哈囉，生張熟魏，送往迎來。

幾場戲演下來，手腕好的女孩同時有好幾個發郎情人供養，算盤打一打，眞眞一本萬利。少數精明會打算的，積攢下本錢開店買房做生意，終身有靠。說她們騙人嗎？愛情宛若戰爭，兵不厭詐，一個願打一個願挨，哪由得旁人多嘴。

每次和S講話，總被當成嬌生慣養、沒看過社會現實的自大傻子，但又無法動怒，一冒火，只更被他冷嘲熱諷。

我只好在我爆血管、破口大罵前趕緊閃人，在門口遇到小P推攤車前來做生意，她的生意普普通通，卻總是興高采烈，沒客人時喜歡和我練習英文會話。她頭臉上的傷口，我一直好奇想問，她喘口氣擦擦汗：「新人，我，沒錢，被趕，被打，流血。發郎老闆，好人，他看到，這裡賣宋丹，OK。租金，少少。」小P連說帶比，肢體語言豐富，英文支離破碎卻又流利地很。我這才發現每天吃的宋丹的來歷。

冷眼旁觀，我才察覺，那年頭國際漫遊還不太興盛，S每天花很多時間教女孩經營租借手機給觀光客的小生意，希望她們離開酒吧也能自力更生。

中年男人這個物種，剔透了險惡人心和殘酷競爭，S隱藏的善意也只是爲了讓你接受現實不是粉紅夢幻。他有點像堂皇遊行中大叫「國王沒穿衣！」的孩子。看到氣球就手癢，非去刺破不可。

滿街的宋丹攤子就像年輕女孩，便宜爽口，生香熱辣，俯拾即是。宋丹做法不難，小P熟練地在大木臼中放下蒜頭、辣椒，先用木杵搗碎，再加入木瓜絲，加入魚露、檸檬汁、椰糖等調味，丟入切塊番茄，邊搗邊以大勺翻動臼中的木瓜絲，搗壓均勻。

我買了宋丹回去，開門見山問S：「是你幾乎不收租金讓小P在這擺攤的？」S彷彿被抓到做壞事般，尷尬了一下，但嘴巴還是很硬：「只是做個實驗吧了。我其實不想讓她來這兒，一下就學壞了。」

S用德國軍事工程師條理分明的腦袋分析小P來客數、進貨成本和毛利，然後扣掉房租餐費等雜支，低聲道：「小P開口要來酒吧工作，只是時間早晚的問題。她的宋丹生意天天在賠錢，還得寄錢養家。」我問：「你在試探她？」S：「這是她的選擇，不是我的。」

我回嘴：「你如果是她呢？」S聳聳肩：「我會用最快的速度，釣幾個有錢的老傻瓜上鉤，什麼都拿到手。」出賣靈肉不是罪惡，赤貧才是。

說她們懶惰嗎？舉目無親的鄉下女孩，無一技之長，再賣力也只能幹清潔婦，擺攤度日。青春易逝，歲月如流金。那不如用年輕肉體來賭賭看，一晚小費就比在血汗工廠作工一個月來得多。

貧富差距如此巨大，翻身如此困難，泰國社會高度洋泰混雜，知名影歌星多半都是混血。兩腳ATM般的觀光客四處遊走，那，爲什麼不跟發郎交往呢？佛祖保佑的話，靠異國婚姻翻身，把仰望終身的良人當飯票。就算不結婚，二奶三奶包養經濟（caretaking economy）也著實比靠雙手工作舒服地多，境遇好的從良妓女，甚至過得十分滋潤。

到底要把她們當成用自己肉身爲資本，以小搏大的女企業家，善用女性特質，精明地換取最大生存優勢？還是幾千泰銖就隨人擺弄，「No Money, No Money」的廉價妓女？

但大多數女孩在燈紅酒綠中被稱斤論兩，蹉跎青春，錢左手來右手去，錯的地方難遇對的人，毒癮纏身，染上性病甚至愛滋，女命如浮游，歡場無眞愛，一旦年華老去，幾無容身之地。

泰國的南傳小乘佛教執持女身不淨，多染、多欲、懦弱、善妒、煩惱具足，難以成佛，生做女人是前世業報，今生理應受苦。

看著觀光客摟著身材和年紀都只有他三分之一的年輕女孩，我捫心自問，若自己出生在貧困的第三世界鄉間，難道我會選擇不同的路嗎？我也不過好運多念點書罷了，和「本週新肉」沒什麼不一樣。

「下次一定吃不到小P的特製宋丹了。」我胡思亂想，不禁心疼小P出身貧困，起早落晚辛苦擺攤，還得時時面對這樣的引誘。這對涉世未深的年輕女孩來說，是多大的人性試探？

但這不表示富裕國家的女人沒有自己的美麗與哀愁。女人受高等教育，進職場賺錢，買房置產，不讓鬚眉。女人眼界高了，寧願單身也不願將就傳統大男人。

當「新好男人」不輕鬆，除了溫柔體貼、心心相應之外，養家活口的本事一樣不能少，男人招架不住女人的「挑剔」，兩性戰爭甚至打不起來，有的男人探出頭來看到另一邊圍牆的草比較綠，棄甲投戟，輸誠去也。

費洛蒙的力量簡直無敵，景氣越差，國際婚戀網站越方興未艾，一枝獨秀，男人往相對落後的地區尋求「還保有傳統美德」的外國女人，楚楚可憐，千嬌百媚。

除非女人全變成蕾絲邊或甘願孤老終生，不然情字這關，連女性主義也扭轉不來。畢竟在婚戀市場上，少女時代的長腿美眉通常比西蒙波娃有銷路，又不是每個男人都是沙特。

莒哈絲垂暮之年還能吸引小她三十歲的年輕情人，本事非凡人可及。男人本能上幾乎都會被年輕美麗的女人吸引，不過嘴巴承不承認罷了。

女性主義就是敗在衣服和愛情上，強悍如《亂世佳人》的郝思嘉，爲了擄獲衛希禮的心，也只好聳肩服輸：「如果咯咯傻笑能吸引男人，那就咯咯傻笑好了。我可以裝得比誰都傻。」

一邊咯咯傻笑維持女性魅力，柔聲馴服枕邊人，一邊高聲爭取自己的空間和權利，與敵人共舞，談何容易？從《欲望城市》可以拍到第六季外加兩部電影看來，就可知道已開發國家的男女方程式多麼難解。

人像寒冬中的刺蝟一樣，想依偎取暖又互相傷害，皮囊下都有一顆需要愛人與被愛的心。

就如S說的：「發郎前仆後繼湧入泰國，有時要的不是性，而是熱肉相湊的女性陪伴。不管是誰，夜深人靜，每個人，其實都是孤獨的。」

黑夜來臨，綴滿流蘇的小可愛、皮短裙、襪帶胸罩紛紛出籠，為夜幕抹上俗豔色彩，霓虹燈映照著往來男女的臉龐，愛情遊戲又開始了。一份宋丹四十泰銖，酸甜鹹辣。一顆寂寞的心，到底價值幾何？

The Eurasian Publishing Group
圓神出版事業機構
用心與你對話．網野無限寬廣
圓神出版社
Eurasian Press

http://www.booklife.com.tw inquiries@mail.eurasian.com.tw

圓神文叢 127

一個旅人，16張餐桌：沒和當地人吃頓飯，就不算去過那裡

作　　者／張健芳
發 行 人／簡志忠
出 版 者／圓神出版社有限公司
地　　址／台北市南京東路四段50號6樓之1
電　　話／（02）2579-6600．2579-8800．2570-3939
傳　　真／（02）2579-0338．2577-3220．2570-3636
郵撥帳號／ 18598712　圓神出版社有限公司
總 編 輯／陳秋月
資深主編／沈蕙婷
專案企畫／賴真真
責任編輯／林欣儀
美術編輯／金益健
行銷企畫／吳幸芳．簡琳
印務統籌／林永潔
監　　印／高榮祥
校　　對／張健芳．莊淑涵．林欣儀
排　　版／杜易蓉
經 銷 商／叩應股份有限公司
法律顧問／圓神出版事業機構法律顧問　蕭雄淋律師
印　　刷／國碩印前科技股份有限公司
2012年11月　初版

定價 300 元　ISBN 978-986-133-426-4

每一本書，都是有靈魂的。
這個靈魂，不但是作者的靈魂，
也是曾經讀過這本書，與它一起生活、一起夢想的人留下來的靈魂。
——《風之影》

國家圖書館出版品預行編目資料

一個旅人，16張餐桌：沒和當地人吃頓飯，就不算去過那裡 / 張健芳 作. -- 初版. -- 臺北市：圓神, 2012.11
232面；14.8×20.8公分. -- （圓神文叢；127）

ISBN 978-986-133-426-5（平裝）

719 101018706